MICHAELIS

ALEMÃO
GRAMÁTICA PRÁTICA

Glória Paschoal de Camargo
(Mestre em Língua e Literatura Alemã pela USP)

MICHAELIS

ALEMÃO

GRAMÁTICA PRÁTICA

NOVA ORTOGRAFIA conforme o
Acordo Ortográfico da LÍNGUA PORTUGUESA

MELHORAMENTOS

Dados Internacionais de Catalogação na Publicação (CIP)
(Câmara Brasileira do Livro, SP, Brasil)

Camargo, Glória Paschoal de
   Michaelis alemão : gramática prática / Glória
Paschoal de Camargo. -- São Paulo : Editora
Melhoramentos, 2007. -- (Michaelis gramática prática)

   ISBN 978-85-06-02654-0

   1. Alemão - Gramática 2. Alemão - Livros-texto
para estrangeiros I. Título. II. Série.

07-0999   CDD-438.2469

Índice para catálogo sistemático:
1. Alemão : Livros-texto para estrangeiros :
Português 438.2469

© Glória Paschoal de Camargo

© 2005, 2010 Editora Melhoramentos Ltda.
Todos os direitos reservados.

Design original da capa: Jean E. Udry

3.ª edição, 2.ª impressão, agosto de 2017
ISBN: 978-85-06-02654-0
      978-85-06-07871-6

Atendimento ao consumidor:
Caixa Postal 11541 – CEP 05049-970
São Paulo – SP – Brasil
Tel.: (11) 3874-0880
www.editoramelhoramentos.com.br
sac@melhoramentos.com.br

Impresso no Brasil

INHALTSVERZEICHNIS
(Sumário)

Introdução 11
    A reforma ortográfica de 1996 13
I - Das Nomen / O substantivo................................ 17
    Die Deklination der Nomen / A declinação dos
    substantivos.. 18
    Das Genus der Nomen / O gênero dos substantivos..... 19
      - Formação dos substantivos femininos 25
      - Substantivos com mais de um gênero.................. 26
      - Substantivos compostos.. 26
    Die Fälle / Os casos 27
      - Der Nominativ / O nominativo 27
      - Der Akkusativ / O acusativo 28
      - Der Genitiv / O genitivo 29
      - Der Dativ / O dativo 30
    Pluralbildung / Formação do plural 31
    Die schwache Deklination / A declinação fraca 37
      - A declinação dos nomes próprios 39
      - Substantivos referentes a medidas e quantidades ... 40
      - Substantivos geralmente usados apenas no singular
        ou no plural.. 41

II - Der Artikel / O artigo 43
    Der bestimmte Artikel / O artigo definido................ 43
      - Uso do artigo definido 44
    Artikelwörter / Palavras que se declinam como o artigo
    definido 48
    Der unbestimmte Artikel / O artigo indefinido............ 51

Artikelwörter / Palavras que se declinam como o artigo indefinido 52

III - **Das Adjektiv** / O adjetivo 55
Die Deklination des Adjektivs / A declinação do adjetivo 55
1. Die schwache Deklination / A declinação fraca 56
2. Die gemischte Deklination / A declinação mista 56
3. Die starke Deklination / A declinação forte 57
   - Os particípios como adjetivos 58
   - Adjetivos que regem o caso dativo 59
   - Adjetivos usados como substantivos 59
   - Declinação dos adjetivos usados como substantivos 60
   - Adjetivos pátrios 62
   - Adjetivos derivados de nomes de lugares 63
   - Adjetivos derivados de substantivos que expressam tempo 64

Die Komparation (Vergleichsformen) der Adjektive / A comparação dos adjetivos 64

IV - **Die Zahlwörter** / Os numerais 69
   - Frações 73

V - **Die Pronomen** / Os pronomes 75
Personalpronomen / Pronomes pessoais 75
Die Deklination der Personalpronomen / A declinação dos pronomes pessoais 75
   - O uso dos pronomes pessoais 76
   - O uso do pronome "es" 78
     - "es" como sujeito da oração 78
     - "es" como complemento verbal 79
   - Os pronomes pessoais no genitivo 80
   - O uso dos pronomes após as preposições 80
Possessivpronomen / Pronomes possessivos 82
Reflexivpronomen / Pronomes reflexivos 84

- Pronomes reflexivos que expressam reciprocidade 85
Demonstrativpronomen / Pronomes demonstrativos 86
- Os pronomes *selbst* e *selber* 88
Relativpronomen / Pronomes relativos 88
- wer, was, wo como pronomes relativos 90
Fragepronomen / Pronomes interrogativos 91
Indefinitpronomen / Pronomes indefinidos 94
- Declinação de alguns pronomes indefinidos 95
- Generalidades 97

VI - Die Verben / Os verbos 99
  Modus / Modo 99
    - Formação dos tempos 101
    - Tempos simples 103
    - Tempos compostos 103
  Die Hilfsverben / Os verbos auxiliares 104
    - Formação e uso dos tempos simples do modo indicativo 106
  Das Präsens / O presente 106
    - O uso do Präsens 110
  Das Präteritum / O pretérito 111
    - O uso do Präteritum 113
    - Formação e uso dos tempos compostos do modo indicativo 114
  Das Perfekt und das Plusquamperfekt / O perfeito e o mais-que-perfeito 114
    - O uso do Perfekt 116
    - O uso do Plusquamperfekt 117
    - Formação e uso dos tempos futuros 117
  Das Futur I / O futuro I 119
  Das Futur II / O futuro II 119
    - Formação e uso dos tempos simples do modo subjuntivo (Der Konjunktiv) 120
  Der Konjunktiv I: formação e uso 120

- O Konjunktiv I dos verbos auxiliares 121
- Os usos do Konjunktiv I 121
- Formas do subjuntivo no discurso indireto........... 122
Der Konjunktiv II: formação e uso 123
- O Konjunktiv II dos verbos auxiliares.................. 124
- Como formar os tempos compostos do modo
  subjuntivo 125
- Os usos do Konjunktiv II 127
- Os usos do subjuntivo formado com werden........ 130
- O uso do Perfekt (subjuntivo) formado com
  werden 131
- Verbos mistos... 131
Der Imperativ / O imperativo..................................... 132
- Algumas formas alternativas que substituem o
  imperativo em alemão 136
Das Passiv / A voz passiva... 137
- Conjugação da voz passiva................................... 140
Der Infinitiv / O infinitivo.. 144
Das Partizip I / O particípio presente 151
Das Partizip II / O particípio passado......................... 152
Die Modalverben / Os verbos modais 154
- Conjugação dos modais 160
Reflexivverben / Verbos reflexivos 162
- Lista de verbos reflexivos..................................... 165
- Verbos com prefixos 166
- Prefixos inseparáveis.. 168
- Prefixos separáveis... 172
- Prefixos variáveis... 174
- Prefixos duplos... 175
Präpositionalergänzung / Verbos seguidos de
  preposição 176
- Verbos seguidos de preposição que regem
  acusativo.. 179
- Verbos seguidos de preposição que regem dativo 180
- Verbos de regência dupla...................................... 180

- Verbos seguidos de dativo 182
- Uso do "es" para antecipar a frase
  seguinte 183
- Verbos de uso comum que geralmente são
  utilizados com "es" 184
- Verbos de uso comum que frequentemente são
  utilizados com "es" 185
- Verbos impessoais 186
- Generalidades a respeito de verbos 189

VII - Die Adverbien / Os advérbios 201
- A formação dos advérbios 201
- Advérbios de tempo 202
- Advérbios de modo 202
- Advérbios de causa 203
- Advérbios de lugar 203
Die Komparation (Vergleichsformen) der Adverbien /
A comparação dos advérbios 205

VIII - Abtönungspartikeln / Partículas enfáticas 207

IX - Die Präpositionen / As preposições 211
- Preposições que regem dativo 213
- Preposições que regem acusativo 217
- Preposições que regem ou dativo ou acusativo 219
- Preposições que regem genitivo 222
- Generalidades 223

X - Die Konjunktionen / As conjunções 227
Koordinierende (nebenordnende) Konjunktionen /
Conjunções coordenativas 227
Subordinierende (unterordnende) Konjunktionen /
Conjunções subordinativas 232

XI - Die Interjektionen / As interjeições 243

XII - Die Satzstellung / A ordem fraseológica 247
    A ordem das palavras na oração inicial ou
    principal 247
    A ordem das palavras nas orações subordinadas 254
    A ordem das palavras no imperativo 257
    Posição das palavras no discurso direto e indireto 259
    Posição das palavras com o uso de verbos com
    prefixos separáveis 259
    Frases interrogativas 260
    Perguntas diretas 260
    Perguntas indiretas 262
    Negativas 262

XIII - Die Zeichensetzung (Interpunktion) /
    A pontuação 267

Anhang/ Apêndice 269
    Falsche Freunde - Falsos cognatos 269
    As horas 271
    Der Kalender / O calendário 274
    Die Woche - Der Monat / A semana - O mês 274
    Das Datum / A data 275
    Expressões de tempo 277
    Lista de verbos fortes e mistos 278
    Provérbios e ditos populares 284

Índice Remissivo 293

INTRODUÇÃO

Esta pequena gramática da língua alemã pretende colaborar com as pessoas que se interessam em conhecer essa língua e com aquelas que, já a conhecendo, buscam auxílio para resolver suas dúvidas.

A língua alemã apresenta algumas peculiaridades que a distinguem do português, mas isso não deveria ser motivo para acharmos que seu aprendizado seja difícil. O alemão possui "casos", ou seja, muitas das palavras recebem desinências, dependendo da função sintática que exercem na frase. As desinências variam quando essas palavras desempenham a função de sujeito ou de objeto, por exemplo.

Outra curiosidade para os falantes do português é que há um grande número de substantivos compostos formados por justaposição de elementos, processo que cria por vezes palavras bastante longas. O que para nós é a "estante de livros", para o alemão é *das Bücherregal*, ou seja, enquanto a língua portuguesa faz uso de um adjunto adnominal – de livros – para especificar o tipo de estante, a língua alemã justapõe um substantivo para nos transmitir essa ideia. *Bücher* significa livros, *Regal* é estante.

O fato de os algarismos se justaporem para formar um composto é também motivo de curiosidade: 435, por exemplo, escreve-se *vierhundertfünfunddreißig*!

Para facilitarmos a pesquisa, dividimos o livro em capítulos que abordam as diferentes categorias gramaticais, com algumas informações específicas a respeito do uso de palavras que criam dúvidas para o falante de português.

Acrescentamos ainda um apêndice, com algumas curiosidades e com a tabela de verbos irregulares, que é de grande valia.

Em tempo: jamais tivemos a pretensão de explorar todos os detalhes e todas as peculiaridades e exceções que dizem respeito à língua alemã. Com certeza haverá sempre algo mais a ser explicado, algum ponto gramatical a ser mais esclarecido. Procuramos antes analisar os aspectos básicos e os problemas mais comuns que afligem os estudiosos dessa língua.

Esperamos que nossa colaboração seja proveitosa.

A autora

A REFORMA ORTOGRÁFICA DE 1996

Em julho de 1996, representantes da Áustria, da Alemanha e da Suíça reuniram-se em Viena para estabelecer novas regras de ortografia para a língua alemã, visando sua modernização. Essa nova reforma ortográfica está sendo aplicada desde 1.º de agosto de 1998, e o conhecimento das principais modificações ocorridas nos será de grande valia. Cabe lembrar que um Estado da Alemanha, Schleswig--Holstein, resolveu não aderir às novas regras, significando, portanto, que quem lá mora e estuda deve continuar utilizando as antigas regras ortográficas.

Por esse motivo, e pelo fato de haver ainda muitos livros – a maioria – escritos segundo a antiga ortografia, tentaremos aqui resumir as principais modificações, mencionando a forma antiga e a atual.

1. A primeira e mais significativa alteração diz respeito ao uso do *ß* (*das Eszett*), letra cujo som corresponde a *ss*. O *ß* deve ser usado após vogais longas ou ditongos, enquanto *ss* é usado após vogais breves. Antes da reforma, havia exceções a essa regra, e o *ß* era usado após vogais breves, quando a palavra era monossílaba e terminava com esse som ou com t. O que ocorreu, portanto, foi a eliminação das exceções. Vale a pena ainda lembrar que, na Suíça, o *ß* já não é mais usado há anos.

Alguns exemplos:
antiga ortografia: *muß* (e outras formas do modal *müssen*), *daß* (a conjunção integrante), *ißt* (verbo *essen*), *der Fluß* (o rio). Como devemos escrever: *muss, dass, isst, Fluss*.

2. Na formação de um substantivo composto, quando ocorria a junção de três consoantes iguais, uma delas desaparecia. Segundo a nova ortografia, devemos manter as três. Exemplo: *die Schifffahrt* (a viagem de navio), junção de *das Schiff* + *die Fahrt*. Nesse caso, podemos usar o traço de união para evitar essa forma: *die Schiff-Fahrt* (a forma antiga era *die Schiffahrt*).

3. Quando se trata de palavras derivadas, essas devem manter a forma da palavra primitiva. Exemplo: *die Nummer* (o algarismo, o número), *nummerieren* (numerar). A grafia antiga era *numerieren*.

4. Palavras de origem estrangeira podem ser adaptadas à escrita alemã, mas as duas formas coexistem. Exemplos: *fantastisch (phantastisch), Delfin (Delphin)*.

5. Substantivos que fazem parte de locuções adverbiais ou verbais devem ser escritos com letra maiúscula. Exemplos: *Rad fahren* (andar de bicicleta), forma anterior: *radfahren; in Bezug auf* (com referência a), forma anterior: *in bezug auf.* O mesmo ocorre com *heute Morgen* (hoje de manhã), que antes da reforma era escrito com letra minúscula (*heute morgen*).

6. Os pronomes referentes à segunda pessoa, que eram

escritos com letra maiúscula em cartas, devem sempre ser escritos com letra minúscula: *du dir, dein...*

7. Verbos formados pela junção de outro verbo ou de um substantivo devem ser escritos separadamente. Exemplos: *kennen lernen* (conhecer), antes se escrevia *kennenlernen*. E também *Ski fahren* (esquiar), *Rad fahren* (andar de bicicleta), *spazieren gehen* (passear).

8. Uma palavra formada pela junção com algarismos deve sempre usar o traço de união.
Exemplo: *ein 9-jähriger Junge* (um garoto de nove anos). Antes: *ein 9jähriger Junge.*

9. Quanto à divisão silábica, atente para as seguintes modificações: até agora, *st* era inseparável. Assim, deveríamos separar *We-ste* (colete). Atualmente separa-se assim: *Wes-te*. Quanto ao conjunto consonantal *ck*, ao ser separado transformava-se em *k-k*. Não devemos mais separá-lo. Assim, *der Bäcker* (o padeiro), deve ser separado *Bä-cker* (antes: *Bäk-ker*).

10. No que diz respeito à utilização de vírgulas, a nova ortografia torna facultativo o seu uso entre orações coordenadas com *und* e *oder* e nas orações infinitivas com *zu*. A vírgula passa a ser usada apenas quando achamos que ela facilitará o entendimento, evitando falsas interpretações.
Exemplos: *Du machst das Bett (,) und ich bereite das Frühstück vor* (Você arruma a cama, e eu preparo o café). *Ich hoffe (,) morgen früh zu Hause zu sein* (Espero estar em casa amanhã cedo).

I - DAS NOMEN
(O SUBSTANTIVO)

Substantivos são palavras que denominam um ser:

- pessoa
  Arbeiter   trabalhador
  Tante   tia

- animal
  Tiger   tigre
  Insekt   inseto

- planta
  Rose   rosa
  Linde   tília

- uma coisa, um objeto concreto
  Stuhl   cadeira
  Vase   vaso

- um conceito abstrato
  Traurigkeit   tristeza
  Ruhe   calma

- um nome próprio
  Brasilien   Brasil
  Anne   Ana

O substantivo pode formar e ser formado por composição ou derivação:
> *Stadt + Plan = Stadtplan*
> guia da cidade, mapa
> *Freund + schaft = Freundschaft*
> amizade

Todos os substantivos são escritos com letra maiúscula na língua alemã. Atente para este detalhe quando estiver lendo ou escrevendo em alemão!

Die Deklination der Nomen / A declinação dos substantivos

Os substantivos da língua alemã podem ser declinados. Isso significa que podem mudar sua forma de acordo com:
gênero (masculino, feminino e neutro)
caso (a função que exercem na oração)
número (singular ou plural)

Um bom dicionário indicará como declinar um substantivo: o verbete aparece na forma do nominativo singular (veja abaixo), seguido pela indicação de seu gênero, do genitivo singular e do nominativo plural, caso necessário. Exemplo: ***Tisch*** *m* (-es; -e) mesa, gênero: masculino, *-es* é a terminação do genitivo e *-e* é a terminação do plural.

I - Das Nomen/O Substantivo

> **OBSERVAÇÃO**
> Adjetivos substantivados são declinados como adjetivos e não como substantivos, isto é, sua declinação obedece ao artigo que o precede, assim como ao **número**, ao **caso** e ao **gênero** (veja o capítulo sobre adjetivos).

Das Genus der Nomen / O gênero dos substantivos

Em alemão, um substantivo pode ser **masculino**, **feminino** ou **neutro**. O gênero é relativamente imprevisível e tem de ser aprendido juntamente com o substantivo. É sempre bom aprender o substantivo acompanhado do artigo definido, ou seja: *der Tisch* (a mesa), *die Tür* (a porta), *das Buch* (o livro). O artigo *der* indica o masculino; *die*, o feminino, e *das*, o neutro.

Há, porém, algumas informações que podem ajudar a definir o gênero de um substantivo:
- substantivos que se referem a pessoas e animais do sexo masculino geralmente são masculinos:
    der Ochse   o boi
    der Vater   o pai

- substantivos referentes a pessoas e animais do sexo feminino são femininos:
    die Löwin   a leoa
    die Mutter   a mãe

No entanto, temos exceções, como *das Weib* (a mulher) e *das Mädchen* (a menina).

> **Atenção:** substantivos referentes a uma espécie genérica podem ser de qualquer gênero:
>
> | | |
> |---|---|
> | *die Katze* | o gato |
> | *der Hund* | o cachorro |
> | *das Vieh* | o gado |

a) São masculinos na maioria das vezes:

- marcas de automóveis que subentendem a palavra *der Wagen* (carro): *der Audi, der VW.*

- estações do ano, meses, dias da semana e pontos cardeais:

der Winter	inverno
der Januar	janeiro
der Montag	segunda-feira
der Süden	sul

- substantivos formados com o acréscimo dos sufixos *-er, -el, -ich, -ig, -ing, -ling*:

der Lehrling	o aprendiz
der Computer	o computador
der Schlüssel	a chave
der Essig	o vinagre

Exceções:

die Tafel	a lousa, a barra
die Gabel	o garfo
das Messer	a faca
die Mutter	a mãe

I - Das Nomen/O Substantivo

- substantivos de origem estrangeira terminados em *-and, -ant, -ar, -är, -ast, -ent, -eur, -ier, -ist, -ismus, -or* (mas há exceções):

der Offizier	o oficial
der Morast	o charco
der Kommunismus	o comunismo
der Professor	o título de professor universitário

Exceção:
    das Restaurant   o restaurante

b) São femininos:

- numerais cardinais são, em sua maioria, femininos, mas as frações são neutras: *Ich habe eine Vier gekriegt* (tirei um quatro), mas *ein Viertel davon* (um quarto disso = neutro).

- marcas de aeronaves que subentendem a palavra *Maschine* (máquina): *die Boeing, die Concorde.*

- a maioria dos nomes terminados em *-e*:
    die Brücke   a ponte

Exceções:
Pessoas ou animais do sexo masculino são masculinos:
    der Löwe   o leão

Há também neutros:
    das Genie   o gênio

- substantivos terminados em *-heit, -keit, -schaft, -ung, -ei*:
    die Schönheit   a beleza
    die Eigenschaft   a qualidade

- susbtantivos de origem estrangeira terminados em *-anz, -enz, -ie, -ik, -ion, -tät, -ur*:
    die Bilanz   a balança comercial
    die Konsequenz   a consequência
    die Demokratie   a democracia

- algumas palavras são sempre femininas, independentemente do sexo do referente:
    die Person   a pessoa
    die Wache   a sentinela, o vigia
    die Waise   o órfão, a órfã

A palavra *das Mitglied* (o membro/filiado) é neutra.

c) São neutros:

- subtantivos que se referem aos filhotes de uma espécie, desde que não pertençam a outro gênero por causa de sua terminação ou sufixo:
    das Kind   a criança, o filho
    das Baby   o bebê
    das Lamm   o cordeiro

Exceção:
    *der Säug**ling*** o lactente

I - Das Nomen/O Substantivo

- infinitivos usados como substantivos:
    - *das Trinken*   o beber

- a maioria dos substantivos que começam com *Ge-*:
    - *das Gespräch*   a conversa
    - *das Gesicht*   o rosto

Exceção:
- *die Gebühr*   a taxa

- os sufixos *-chen* ou *-lein* podem ser adicionados a muitas palavras para formar o diminutivo. Essas novas palavras são sempre neutras. Note que a vogal recebe um sinal de metafonia (veja o destaque) sempre que possível e, se houver um *-e* final, ele desaparece:
    - *das Büchlein*   o livrinho
    - *das Hündchen*   o cachorrinho
    - *das Mädchen*   a menina

Metafonia (*Umlaut* em alemão) é a mudança de timbre vocálico e ocorre em alemão com o acréscimo do trema sobre o *a, o, u* ou *au*, que passam a ser escritos *ä, ö, ü, äu* e pronunciados diferentemente.

- a maioria dos substantivos que termina em *-nis* ou *-tum*:
    - *das Gedächtnis*   a memória
    - *das Eigentum*   a propriedade

Exceções:
> *die Kenntnis*   o conhecimento
> *der Reichtum*   a riqueza

- substantivos de origem estrangeira terminados em *-at, -ett, -fon, -ma, -ment, -um, -ium*:
  > *das Format*   o formato
  > *das Pergament* o pergaminho
  > *das Duett*   o dueto
  > *das Museum*   o museu

- os nomes de cidades. Como normalmente não levam artigo, percebe-se o gênero pela concordância com o pronome pessoal, que, no caso, será *es*:
  > *São Paulo ist sehr groß. **Es** hat mehr als 15 Millionen Einwohner.*
  > São Paulo é muito grande. Tem mais de 15 milhões de habitantes.

Nota:

Quando, porém, se apõe a palavra feminina *Stadt* (cidade), passa-se a usar o pronome *sie*, feminino.
> *Die Stadt São Paulo ist die Hauptstadt des Staates São Paulo. **Sie** liegt am Tietê Fluss.*
> A cidade de São Paulo é a capital do Estado de São Paulo. Ela fica às margens do Rio Tietê.

OBSERVAÇÃO

Adjetivos e particípios podem ser usados como substantivos masculinos, femininos ou neutros (veja o capítulo sobre adjetivos).

I - Das Nomen/O Substantivo

Formação dos substantivos femininos

Como ocorre em português, há casos em que o masculino e o feminino possuem formas diferentes:

der Vater/die Mutter	o pai/a mãe
der Onkel/die Tante	o tio/a tia
der Mann/die Frau	o homem/a mulher
der Bruder/die Schwester	o irmão/a irmã
der Herr/die Dame	o senhor/a senhora
der Neffe/die Nichte	o sobrinho/a sobrinha
der Stier/die Kuh	o touro/a vaca
der Hahn/die Henne	o galo/a galinha

Quando, porém, não há essa diferença, o feminino se forma de duas maneiras:

a) a forma masculina se torna feminina pela adição de *-in* no singular e *-innen* no plural, ocorrendo por vezes a metafonia:

der Maler	o pintor
die Malerin/nen	a pintora/as pintoras
der Arzt	o médico
die Ärztin	a médica

b) um adjetivo pode ser usado como um substantivo feminino, recebendo as terminações de um adjetivo feminino e se modificando de acordo com o artigo que o precede:

die Blonde   a (mulher) loira
Ich habe ihn mit einer Blonden gesehen.
Eu o vi com uma loira.

Substantivos com mais de um gênero

Alguns poucos substantivos possuem dois gêneros, ambos aceitos. Você fica sabendo quando isso ocorre consultando um bom dicionário:

    Bonbon (*der, das*)   a bala (doce)
    Liter (*der, das*)   o litro

Outros possuem dois ou três gêneros, e para cada gênero a palavra assume um significado diferente:

der Band	o volume
das Band	a fita
die Band	a banda de rock, jazz
der See	o lago
die See	o mar

Substantivos compostos

Os substantivos compostos, ou seja, aqueles formados por dois ou mais substantivos agrupados, são um fato comum na língua alemã.

Eles assumem o gênero e serão declinados de acordo com o último elemento do substantivo composto:

    das *Wörterbuch*   o dicionário

formado a partir de *die Wörter* (as palavras) e ***das*** *Buch* (o livro).

Outros exemplos:

das Haus (a casa) + ***die*** *Aufgabe* (a tarefa) = ***die*** *Hausaufgabe* (a tarefa de casa) *die Woche/n* (a/s semana/s) + ***das*** *Ende* (o fim) = ***das*** *Wochenende* (o fim de semana)

das Geschäft (o negócio) + ***die*** *Reise* (a viagem) = ***die*** *Geschäftsreise* (a viagem de negócios)

Também em **abreviações**, o último elemento é que define o gênero:

> ***die*** *EG* (*die Europäische Gemeinschaft*)
> a Comunidade Europeia

Die Fälle / Os casos

Há quatro casos gramaticais, indicados geralmente pela forma do artigo, do pronome ou do adjetivo usado antes do substantivo.

a) Der Nominativ / O nominativo

O nominativo singular é a forma dada pelo verbete do dicionário. O nominativo plural é formado conforme as regras mencionadas adiante.

O caso nominativo é usado:

- para o sujeito de um verbo:
  Der Mann *schwimmt*. O homem nada/está nadando.

- para o complemento de *sein* ou *werden* (predicativo do sujeito, em português):
  *Er ist **der Lehrer**.*   Ele é o professor.

b) Der Akkusativ / O acusativo

O substantivo no caso acusativo geralmente tem a mesma forma que no nominativo. Exceções são os substantivos masculinos "fracos" (veja: a **declinação fraca**) e os adjetivos usados como substantivos.

Exemplos:

Nominativo	Acusativo	Tradução
der Mann	*den Mann* (masculino)	o homem
das Auto	*das Auto* (neutro)	o carro
die Frau	*die Frau* (feminino)	a mulher

O acusativo é usado:

- após verbos cuja regência exige um acusativo (nesse caso, pode corresponder ao objeto direto em português):
    *Ich habe **den Film** gesehen.*
    Vi o filme.

- após as preposições que são sempre usadas com o acusativo (veja: preposições que regem acusativo):
    *Das ist **für das Kind**.*
    Isto é para a criança.

- para mostrar mudança de posição (movimento) após as preposições de lugar (veja: **as preposições**):
    *Ich stelle den Tisch **in die** Ecke.*
    Coloco a mesa no canto.

- em muitas expressões de tempo e lugar que não usam preposição:
    Jeden Montag geht sie zur Bibliothek.
    Toda segunda-feira ela vai à biblioteca.

- em certas expressões fixas:
    Guten Tag!
    Bom dia!

c) Der Genitiv / O genitivo

Os substantivos masculinos e neutros, com algumas exceções (veja: a **declinação fraca dos substantivos**), recebem -*s* (-*s* ou -*es* em substantivos monossilábicos) no genitivo singular.

No genitivo singular, os substantivos masculinos e neutros recebem terminações de acordo com as seguintes regras:

1) adiciona-se -*s* aos substantivos terminados em -*en*, -*el* ou -*er*:

der Onkel, des Onkels	do tio
der Wagen, des Wagens	do carro

2) adiciona-se -*es* aos substantivos terminados em -*tz*, -*sch*, -*st*, -*ss* ou -*ß*:

das Schloss, des Schlosses	do castelo
der Satz, des Satzes	da frase

3) aos monossílabos adiciona-se -*s* ou -*es*:

der Mann, des Mannes	do homem

O feminino singular e os substantivos no plural mantêm a mesma forma do nominativo:

    die Blume, der Blume   da flor
    die Kinder, der Kinder   das crianças

O genitivo é usado:

- para mostrar posse:
  *Das ist der Wagen **meines Bruders**.*
  Este é o carro do meu irmão.

- após preposições que exigem o genitivo (veja: preposições que regem genitivo).

- em expressões de tempo quando não se especifica a ocasião exata:
  ***Eines Tages** kam er von der Arbeit...*
  Um dia ele veio do trabalho...

d) Der Dativ / O dativo

Os substantivos no singular possuem a mesma forma do nominativo:

Nominativo	Dativo	Tradução
der Baum	*dem Baum*	à árvore
das Kleid	*dem Kleid*	ao vestido
die Tür	*der Tür*	à porta

I - Das Nomen/O Substantivo

Todos os substantivos terminam em *-n* ou *-en* no dativo plural. Essa terminação é adicionada à forma do nominativo plural quando o substantivo já não termina em *-n*. As únicas exceções são alguns substantivos de origem estrangeira que terminam em *-s* em todos os casos no plural, inclusive no dativo (veja adiante: a **declinação fraca dos susbtantivos**).

Nominativo plural	Dativo plural	Tradução
die Männer	*den Männern*	aos homens
die Kinder	*den Kindern*	às crianças
die Frauen	*den Frauen*	às mulheres

O dativo é usado:

- como complemento de verbos que regem o caso dativo, caso que equivale por vezes (nem sempre!) ao objeto indireto da língua portuguesa:
    *Ich gebe **dem Kind** das Geschenk.*
    Dou o presente à criança.

- após preposições usadas com dativo (veja: **preposições que regem dativo**).

- em certas expressões idiomáticas:
    ***Mir** ist kalt.*
    Estou com frio.

Pluralbildung / Formação do plural

As páginas seguintes mostram as declinações de alguns substantivos em todos os casos no singular e no plural.

Esses substantivos representam a maioria dos tipos de plural.

a) Grande parte dos substantivos femininos formam o plural com a adição de *-n*, *-en* ou *-nen*.

die Kirche   a igreja

	Singular	Plural
nominativo	die Kirche	die Kirchen
acusativo	die Kirche	die Kirchen
genitivo	der Kirche	der Kirchen
dativo	der Kirche	den Kirchen

b) Muitos substantivos não possuem terminação no plural. A maioria deles é do gênero masculino ou neutro, e as palavras terminam em *-en*, *-er*, *-el*.
Algumas vezes adiciona-se um sinal de metafonia *(Umlaut)* à vogal da forma plural.

Exemplos:

der Künstler   o artista - sem metafonia

	Singular	Plural
nominativo	der Künstler	die Künstler
acusativo	den Künstler	die Künstler
genitivo	des Künstlers	der Künstler
dativo	dem Künstler	den Künstlern

I - Das Nomen/O Substantivo

Outros exemplos:
    der Fehler   o erro
    das Fenster   a janela
    das Mädchen   a jovem
    der Apfel   a maçã - com metafonia

	Singular	**Plural**
nominativo	der Apfel	die Äpfel
acusativo	den Apfel	die Äpfel
genitivo	des Apfels	der Äpfel
dativo	dem Apfel	den Äpfeln

Outros exemplos:
    der Vater   o pai
    der Garten   o jardim

c) Muitos substantivos formam o plural com a adição de *-e* e do sinal de metafonia na vogal. Há exemplos de substantivos masculinos com mais de uma sílaba, mas a maioria desses substantivos podem ser neutros, masculinos ou femininos monossílabos:

der Schrank   o armário

	Singular	Plural
nominativo	der Schrank	die Schränke
acusativo	den Schrank	die Schränke
genitivo	des Schrank(e)s	der Schränke
dativo	dem Schrank	den Schränken

die Kuh   a vaca

	Singular	Plural
nominativo	die Kuh	die Kühe
acusativo	die Kuh	die Kühe
genitivo	der Kuh	der Kühe
dativo	der Kuh	den Kühen

Outros exemplos:
die Bank   o banco
der Fall   o caso
die Hand   a mão

d) Substantivos masculinos e neutros muitas vezes recebem -*e* no plural, sem metafonia:

das Tier   o animal

I - Das Nomen/O Substantivo

	Singular	**Plural**
nominativo	das Tier	die Tiere
acusativo	das Tier	die Tiere
genitivo	des Tieres	der Tiere
dativo	dem Tier	den Tieren

Outros exemplos:
    das Jahr   o ano
    der Arm   o braço
    der Abschnitt   o parágrafo

e) Alguns substantivos masculinos e muitos monossílabos neutros recebem *-er* com ou sem o sinal de metafonia na vogal em sua forma plural:

    das Dach   o teto

	Singular	**Plural**
nominativo	das Dach	die Dächer
acusativo	das Dach	die Dächer
genitivo	des Dach(e)s	der Dächer
dativo	dem Dach(e)	den Dächern

Outros exemplos:
    das Buch   o livro
    der Mann   o homem
    das Feld   o campo

f) Substantivos de origem estrangeira (geralmente monossílabos ou dissílabos) que começam com vogal formam o plural com acréscimo de -s:

    das Auto   o carro

	Singular	Plural
nominativo	das Auto	die Autos
acusativo	das Auto	die Autos
genitivo	des Autos	der Autos
dativo	dem Auto	den Autos

Outros exemplos:
    das Baby, die Babys   o bebê
    das Bonbon, die Bonbons   a bala, o doce
    der Chef, die Chefs   o chefe
    das Hotel, die Hotels   o hotel
    der Klub, die Klubs   o clube

Palavras de origem latina que terminam em -*um* (neutras) geralmente formam o plural em -*en:*
    das Studium, die Studien   o estudo, o estúdio
    das Museum, die Museen   o museu
    das Datum, die Daten   a data

Seguem-se alguns substantivos que formam o plural de forma peculiar:
    das Drama, die Dramen   o drama

I - Das Nomen/O Substantivo

die Firma, die Firmen	a firma
das Gemüse, die Gemüsesorten	o legume
das Komma, die Kommas ou *Kommata*	a vírgula
das Konto, die Konten	a conta bancária
das Material, die Materialien	o material
der Bau, die Bauten	a construção
das Prinzip, die Prinzipien	o princípio
der Rat (ou *Ratschlag*), *die Ratschläge*	o conselho
das Risiko, die Risiken	o risco
der Stock (ou *das Stockwerk*), *die Stockwerke*	o pavimento
das Thema, die Themen	o tema
das Visum, die Visa	o visto

Die schwache Deklination / A declinação fraca

Alguns substantivos masculinos possuem o que se costuma chamar de declinação "fraca": em todos os casos, com exceção do nominativo singular, eles recebem uma desinência *-en* ou um *-n,* caso a palavra termine em vogal.

Geralmente o dicionário indica quando se trata de tais casos:
    Junge *m* **-n**, **-n**   menino
    Held *m* **-en**, **-en** herói

Os substantivos masculinos fracos declinam-se do seguinte modo:

	Singular	Plural
nominativo	der Junge	die Jungen
acusativo	den Jungen	die Jungen
genitivo	des Jungen	der Jungen
dativo	dem Jungen	den Jungen

Os substantivos masculinos pertencentes a essa categoria incluem:

- os terminados em *-og(e)* referentes a homens: *der Psychologe* (o psicólogo), *der Geologe* (o geólogo), *der Astrologe* (o astrólogo).

- os terminados em *-aph* ou *-oph*: *der Paragraph* (o parágrafo), *der Philosoph* (o filósofo).

- os terminados em *-nom* que se referem a homens: *der Astronom* (o astrônomo), *der Gastronom* (o gastrônomo).

- os terminados em *-ant*: *der Elefant* (o elefante), *der Diamant* (o diamante).

- os terminados em *-t* referentes a homens: *der Astronaut* (o astronauta), *der Komponist* (o compositor), *der Architekt* (o arquiteto).

- alguns outros: *der Chirurg* (o cirurgião), *der Bauer* (o camponês), *der Ochse* (o boi), *der Kollege* (o colega), *der Spatz* (o pardal), *der Mensch* (o homem), *der Katholik* (o católico), *der Franzose* (o francês).

- *der Name* (o nome) possui uma terminação diferente no genitivo singular: **-ns** *des Namens*. No restante se declina como *der Junge*. Outros que seguem essa regra são: *der Buchstabe* (a letra), *der Glaube* (a crença), *der Gedanke* (o pensamento), *der Haufe* (a multidão), *das Herz (des Herzens!)* (o coração), *der Funke* (o rádio).

- *Herr* (senhor) é sempre declinado, também quando se trata da forma de tratamento: *Ich habe Herr**n** Meyer das Buch gegeben* (Dei o livro ao Sr. Meyer).

A declinação dos nomes próprios

A nomes de pessoas e de lugares, independentemente do gênero, adiciona-se um *-s* à forma do genitivo singular, a não ser quando são precedidos por um artigo definido ou um pronome; por exemplo:

>*Annes Auto*   o carro de Ana
>
>*die Werke des jungen Goethe*
>as obras do jovem Goethe

Nos casos em que os nomes próprios terminam em sibilantes (*-s, -sch, -ß, -x, -z, -tz*), o genitivo é formado com a adição de *-ens*. Essa forma, porém, é considerada antiquada. Por vezes é mais recomendável usar a forma alternativa com *von* seguido do dativo, ou mesmo o apóstrofo posposto ao nome:

>*Hansens Bruder* ou   o irmão de Hans
> *der Bruder von Hans*
>*Horaz' Werke*   as obras de Horácio

Nomes próprios podem receber uma desinência de diminutivo, sendo usados como forma de afeição ou como diminutivos mesmo: *Anne* (Ana), *Ännchen* (Aninha).

Quando artigos ou adjetivos formam parte de um substantivo próprio (por exemplo, no título de livros, jogos, hotéis etc.), eles são declinados normalmente, mesmo quando se encontram entre aspas: *Das Titelbild der "Berliner Illustrier**ten**"* (e não *"Berliner Illustrierte"*). Caso o título seja precedido do substantivo que o define, não precisará ser declinado: *Im Hotel "Amerikanischer Hof"* (no hotel "Amerikanischer Hof"), *Das Titelbild der Zeitschrift "Berliner Illustrierte"* (a manchete da revista "Berliner Illustrierte").

Sobrenomes geralmente formam o plural com a adição de *-s*, a menos que terminem em som sibilante, quando, por vezes, recebem *-ens*. Frequentemente são precedidos pelo artigo definido:
Die Meyers haben uns eingeladen.
Os Meyers nos convidaram.

Substantivos referentes a medidas e quantidades

Esses substantivos em geral permanecem no singular, mesmo quando precedidos por um número plural. A substância medida vem logo a seguir, sem a adição de preposição, diferentemente do que acontece no português:

*Ich brauche drei **Liter** Milch.*
Preciso de três litros de leite.

*Er kaufte fünf **Kilo** Zucker.*
Ele comprou cinco quilos de açúcar.

*Wir tranken sechs **Glas** Bier.*
Bebemos seis copos de cerveja.

I - Das Nomen/O Substantivo

> **OBSERVAÇÃO**
>
> Os substantivos femininos não seguem essa tendência:
>
> | | |
> |---|---|
> | *eine **Tasse** Kaffee* | uma xícara de café |
> | *drei **Tassen** Tee* | três xícaras de chá |
> | *eine **Flasche** Wein* | uma garrafa de vinho |
> | *fünf **Flaschen** Whisky* | cinco garrafas de uísque |

Substantivos geralmente usados apenas no singular ou no plural

Há alguns substantivos que geralmente são usados apenas no singular, como:

a) os que designam matéria:

das Benzin	o combustível, a gasolina
das Fleisch	a carne
die Milch	o leite

b) os que transmitem ideia de coletivo:

das Geld	o dinheiro
die Polizei	a polícia

c) os que representam substantivos abstratos:

das Ausland	o exterior
die Jugend	a juventude
der Tod	a morte

Há substantivos que são usados, em geral, apenas no plural, como:

die Eltern	os pais
die Möbel	os móveis
die Ferien	as férias

II - DER ARTIKEL
(O ARTIGO)

Der bestimmte Artikel / O artigo definido

Em alemão, o artigo definido assume diferentes formas: no singular, há uma forma para o masculino, uma para o feminino e uma para o neutro; no plural, usa-se uma única forma para os três gêneros.

O artigo definido indica a função do substantivo na oração, apontando o caso em que ele se encontra.

Há quatro **casos**:

nominativo para o sujeito, ou complemento do verbo de ligação;

acusativo para o objeto e após algumas preposições;

genitivo para demonstrar posse e após algumas preposições;

dativo para o objeto indireto e após algumas preposições.

As formas do artigo definido são as seguintes:

	Singular			Plural
	masc.	fem.	neutro	(todos os gêneros)
nominativo	**der**	**die**	**das**	**die**
acusativo	**den**	**die**	**das**	**die**
genitivo	**des**	**der**	**des**	**der**
dativo	**dem**	**der**	**dem**	**den**

Uso do artigo definido

As seguintes indicações podem ajudá-lo a usar o artigo definido.
Ele deve ser usado:

- diante de substantivos abstratos e outros, quando se faz referência a um todo ou a uma ideia genérica:

    Die Ehrlichkeit ist lobenswert.
    A honestidade é louvável.

Quando esses substantivos são modificados por determinantes de quantidade, o artigo não é usado:

    Er brauchte viel Mut dazu.
    Ele precisou de muita coragem (para aquilo).

- no genitivo, a menos que o substantivo seja um nome próprio ou seja usado como tal:

II - Der Artikel/O Artigo

      das Auto des Mannes   o carro do homem
      Karls Auto   o carro do Carlos
      Vatis Auto   o carro do papai

- sempre diante de nomes próprios precedidos de um adjetivo:

      Der *alte Herr Linz ist nach Santos gefahren.*
      O velho Sr. Linz viajou para Santos.

- algumas vezes com nomes próprios em contextos familiares ou para enfatizar:

      Der *Peter ist nicht da.*
      O Peter não está.

- diante de topônimos femininos e masculinos (nomes de países, rios, oceanos, florestas, montanhas):

      die *Türkei*   a Turquia
      der *Rhein*   o Reno
      die *Nordsee*   o Mar do Norte

- diante de topônimos precedidos de adjetivo:

      das *schöne Deutschland*   a bela Alemanha

- diante das estações do ano:

      der *Sommer*   o verão
      in ***dem*** *Winter*   no inverno

- frequentemente diante das refeições:

    ***Das** Frühstück ist fertig!*
    O café da manhã está pronto!

- diante de nomes de ruas:

    *Ich wohne in **der** Käsenstraße.*
    Moro na rua Käsen.

- diante dos meses do ano, exceto após *seit/nach/vor*:

    im April (em abril), mas *seit März* (desde março)

- por vezes equivalendo a um pronome possessivo quando há referência a partes do corpo. Nesse caso, usa-se um pronome reflexivo ou um substantivo no dativo quando é necessário deixar claro a quem a parte do corpo pertence:

    *Sie wäscht **sich** die Hände.*
    Ela lava as mãos.

    *Ich wasche **dem Jungen** die Hände.*
    Lavo as mãos do menino.

- em expressões indicando preço, para significar **cada** ou **por**:

    ***Das** kostet drei Mark **das Stück**.*
    Custa três marcos o (por) pedaço.

II - Der Artikel/O Artigo

> **OBSERVAÇÃO**
> Após certas preposições, as formas do artigo definido podem ser reduzidas (contração). Algumas dessas formas são mais usadas na linguagem informal: *für das = fürs; vor dem = vorm; um das = ums* etc.
> Outras são consideradas comuns e adequadas ao contexto formal: *an dem = am; zu dem = zum; zu der = zur; von dem = vom, in dem = im; bei dem = beim; an das = ans; auf das = aufs; in das = ins.*

O artigo definido é omitido:

- diante de nomes próprios, de nomes de países e cidades, quando estes são neutros:

    *Elisabeth, die Königin von **England**, fährt nach **Brasilien**.*
    Elisabeth, a rainha da Inglaterra, está viajando para o Brasil.

- diante de substantivos referentes à matéria de que algo é feito:

    *Dieser Tisch ist aus **Holz**.*
    Esta mesa é de madeira.

- em certas expressões idiomáticas, como:

    nach Wunsch (à vontade), *von Beruf* (de profissão) etc.

Artikelwörter / Palavras que se declinam como o artigo definido

>*alle* - todos (plural) (pronome indefinido)
>
>*beide* - ambos (só plural) (numeral)
>
>*dieser, diese, dieses* - este, esta, estes/as (pronome demonstrativo)
>
>*einige* - alguns/mas (plural) (pronome indefinido)
>
>*irgendwelcher, -e, -es* - um ou outro, um qualquer (pronome indefinido)
>
>*jeder, jede, jedes* - cada, cada um (pronome indefinido)
>
>*jener, jene, jenes* - aquele, aquela (pronome demonstrativo)
>
>*manche* - vários/as, alguns/mas (plural) (pronome indefinido)
>
>*sämtliche* - tudo, por inteiro (geralmente apenas plural) (pronome indefinido)
>
>*solcher, solche, solches* - tal, tais (pronome demonstrativo)
>
>*welcher, welche, welches* - o/a qual, os/as quais (pronome relativo)

Essas palavras podem ser usadas com função de adjetivos ou de substantivos.

Suas terminações são as seguintes:

II - Der Artikel/O Artigo

	Singular			Plural
	masc.	fem.	neutro	(todos os gêneros)
nominativo	-er	-e	-es	-e
acusativo	-en	-e	-es	-e
genitivo	-es/-en(*)	-er	-es/-en(*)	-er
dativo	-em	-er	-em	-en

(*) Essa forma alternativa ocorre, por exemplo, com os pronomes **jeder, -e, -es** e **welcher, -e, -es**.

Einiger e **irgendwelcher** usam o *-en* na terminação do genitivo antes de substantivos masculinos ou neutros terminados em *-s*.

Adjetivos que acompanham esses pronomes seguem a declinação fraca (veja: **adjetivos, declinação fraca**).

Exceções são as formas plural de **einige**, que são seguidas pela declinação forte (veja: **adjetivos, declinação forte**).

solcher, beide, sämtliche podem ser usados após um outro artigo ou pronome possessivo. Nesse caso se declinam como adjetivos fracos ou mistos, dependendo da situação (veja: **adjetivos, declinação**).

> *Eine **solche** Situation kann ich nicht verstehen!*
> Não consigo entender uma tal situação (uma situação como esta)!

*Meine **beiden** Kinder machen jetzt die Grundschule.*
Meus dois filhos (Ambos os meus) estão fazendo
(atualmente) o primário.

Embora **beide** geralmente tenha apenas a forma plural, existe uma forma no singular: o neutro **beides** (ambos).

dies muitas vezes substitui o nominativo e o acusativo **dieses** quando usado como pronome.

alles como genitivo singular do pronome **aller** é usado com o pronome demonstrativo **das** em orações subordinadas adjetivas relativas (veja: **subordinadas adjetivas**):

*Er ist der Besitzer **alles, das** du jetzt siehst.*
Ele é o proprietário de tudo o que você está
vendo agora.

Existe uma forma invariável **all** usada junto com outros artigos ou pronomes possessivos:

All seine Freude half nichts.
Toda a sua alegria não ajudou em nada.

ganz também pode ser usado para substituir tanto a forma variável **aller/alle/alles** quanto **all das/dieses/sein**. Declina-se como um adjetivo normal:

Ich musste meine ganze Kraft zeigen.
Tive de mostrar toda a minha força.

II - Der Artikel/O Artigo

Deve ser usado com substantivos coletivos, em frases temporais e referências geográficas: *in der ganzen Stadt* (na cidade toda).

Veja mais a respeito nos capítulos referentes aos pronomes.

Der unbestimmte Artikel / O artigo indefinido

Como o artigo definido, a forma do artigo indefinido depende do gênero e do caso do substantivo. Não é usado no plural, a não ser na forma negativa.

As formas do artigo indefinido são as seguintes:

	Singular		
	masc.	fem.	neutro
nominativo	**ein**	**eine**	**ein**
acusativo	**einen**	**eine**	**ein**
genitivo	**eines**	**einer**	**eines**
dativo	**einem**	**einer**	**einem**

As formas do artigo indefinido na negativa são as seguintes:

	Singular			Plural
	masc.	fem.	neutro	(todos os gêneros)
nominativo	**kein**	**keine**	**kein**	**keine**
acusativo	**keinen**	**keine**	**kein**	**keine**
genitivo	**keines**	**keiner**	**keines**	**keiner**
dativo	**keinem**	**keiner**	**keinem**	**keinen**

O artigo indefinido na negativa tem o significado de "nenhum(a)", ou simplesmente não é traduzido.
É usado mesmo quando a frase afirmativa equivalente não possui artigo:
> *Sie ist Lehrerin / Sie ist **keine** Lehrerin.*
> Ela é professora / Ela não é (nenhuma) professora.

- *nicht ein* pode ser usado no lugar de *kein* quando se pretende enfatizar o *ein*:

  > *Nicht **ein** Junge ist zur Party gekommen!*
  > Nem (mesmo) um garoto veio à festa!

Artikelwörter / Palavras que se declinam como o artigo indefinido

Declinam-se como o artigo indefinido:

- os pronomes possessivos (veja: **pronomes possessivos**)
- o pronome indefinido **irgendein** (qualquer um) segue o mesmo modelo de declinação no singular.

No plural é **irgendwelche** e é declinado como **welche** (veja: **welch-**).

As seguintes palavras são usadas no lugar de um artigo, ou junto com ele:

mehrere (apenas plural)	vários
viel	muito
wenig	pouco
ander	outro, diferente

II - Der Artikel/O Artigo

Após o artigo definido e pronomes que se declinam como ele (veja: **artigo definido**), esses pronomes seguem a declinação fraca. Os adjetivos que seguem esses pronomes indefinidos também seguem a mesma declinação (veja: **declinação dos adjetivos**).

> *Kennst du den **anderen (hübschen)** Mann?*
> Você conhece o outro homem (bonito)?

Após **ein, kein, irgendein** ou pronomes possessivos, eles recebem desinências da declinação mista:

> *Er fährt mit seinem anderen Auto. Sein anderes Auto ist rot.*
> Ele vai com seu outro carro. Seu outro carro é vermelho.

Quando usados sem artigo, **viel** e **wenig** normalmente não se declinam no singular, apenas no plural.

	Plural (todos os gêneros)
nominativo	**viele**
acusativo	**viele**
genitivo	**vieler**
dativo	**vielen**

Qualquer adjetivo usado após **viel** ou **wenig** segue a declinação forte.

III - DAS ADJEKTIV
(O ADJETIVO)

Die Deklination des Adjektivs / A declinação do adjetivo

Os adjetivos são palavras usadas para indicar características ou qualidades dos substantivos a que se referem. Há duas maneiras de usar adjetivos.

Podem ser usados em função atributiva, quando o adjetivo está ao lado de um substantivo, vindo antes ou depois dele, em português: Minha camisa *nova*.

Podem ser usados em função predicativa, isto é, como complemento de um verbo de ligação: O carro é *velho*.

Em alemão, o adjetivo permanece invariável na função predicativa, mas é declinado quando exerce função atributiva, mudando sua terminação para mostrar gênero, número e caso do substantivo a que se refere. Nesse caso, o adjetivo sempre precede o substantivo a que se refere.

A terminação também varia de acordo com o artigo ou o pronome que o precede.

Seguem-se os modelos de terminações:

1. Die schwache Deklination / A declinação fraca

Estas são as terminações usadas no adjetivo que vem após o artigo definido ou qualquer outro pronome que se declina como ele (veja: **artigo definido**):

	Singular			Plural
	masc.	fem.	neutro	(todos os gêneros)
nominativo	**-e**	**-e**	**-e**	**-en**
acusativo	**-en**	**-e**	**-e**	**-en**
genitivo	**-en**	**-en**	**-en**	**-en**
dativo	**-en**	**-en**	**-en**	**-en**

Exemplo:
> *Der **neue** Wagen gehört dem **jungen** Mann und der **schönen** Frau.*
> O carro novo pertence ao jovem senhor e à bela mulher.

2. Die gemischte Deklination / A declinação mista

Estas são as terminações usadas no adjetivo escrito após o artigo indefinido ou qualquer pronome que se declina como ele (veja: **artigo indefinido**):

III - Das Adjektiv/O Adjetivo

	Singular			Plural
	masc.	fem.	neutro	(todos os gêneros)
nominativo	-er	-e	-es	-en
acusativo	-en	-e	-es	-en
genitivo	-en	-en	-en	-en
dativo	-en	-en	-en	-en

Exemplo:
  *Ein armes Kind hat keine **neuen** Kleider.*
  Uma criança pobre não tem roupas novas.

3. Die starke Deklination / A declinação forte

É usada quando o adjetivo não é precedido de nenhum artigo. Nesse caso, o adjetivo é o responsável por marcar o gênero, o número e o caso do substantivo que o segue.

	Singular			Plural
	masc.	fem.	neutro	(todos os gêneros)
nominativo	-er	-e	-es	-e
acusativo	-en	-e	-es	-e
genitivo	-en	-er	-en	-er
dativo	-em	-er	-em	-en

Exemplo:

> **Neues** Haus mit **kleinem** Garten in **ruhiger** Lage.
> Casa nova com pequeno jardim em local silencioso.

> **OBSERVAÇÃO**
> Algumas formas dos adjetivos mudam quando recebem terminações de declinação.

Quando o adjetivo **hoch** (alto) é declinado, seu radical muda para **hoh-**: *das **hohe** Gebäude* (o prédio alto).

Adjetivos que terminam em **-el** perdem o **-e** do final quando declinados: **dunkel** (escuro), *ein **dunkles** Zimmer* (um quarto escuro).

Os particípios como adjetivos

O particípio presente (**Partizip I**) pode ser usado como um adjetivo, recebendo a terminação normal de um adjetivo.

> **OBSERVAÇÃO**
> Os particípios presentes dos verbos **sein** e **haben** não podem ser usados dessa forma.

Exemplos: *der **fahrende** Zug* (o trem em movimento); *mit der **lächelnden** Frau* (com a mulher sorridente)

O particípio passado (**Partizip II**) também pode ser usado como adjetivo da mesma maneira. Exemplos: *die **gemachte** Übung* (o exercício feito); *ohne den **beschädigten** Wagen* (sem o carro danificado).
(Veja: **particípios**.)

III - Das Adjektiv/O Adjetivo

Adjetivos que regem o caso dativo

Alguns adjetivos exigem o uso de um dativo de pessoa:

ähnlich	semelhante a
bekannt	familiar a
dankbar	agradecido a
fremd	estranho a
gleich	igual a
leicht	fácil para
nah	perto de
peinlich	doloroso para
unbekannt	desconhecido para

É comum a inversão na utilização desses adjetivos, isto é, o termo regido vem antes do adjetivo regente:

*Diese Frau ist **mir** bekannt.*
Conheço essa senhora (essa senhora me é conhecida).

*Diese Situation ist **ihm** nicht leicht.*
Esta situação não lhe é fácil (não é fácil para ele).

Adjetivos usados como substantivos

Como ocorre em português, na língua alemã os adjetivos e os particípios usados como adjetivos podem ser substantivados. Nesse caso, eles passam a ser escritos com letra maiúscula, mas conservam as características do adjetivo, isto é, declinam-se de acordo com as regras vistas acima. Esses adjetivos designam pessoas, aparecendo, portanto, no masculino e no feminino, no singular e no plural.

*Der **arme** Mann ist im Krankenhaus gefunden worden.*
O pobre (adjetivo) homem foi encontrado no hospital.
*Den **Armen** soll geholfen werden.*
Os pobres (substantivo) devem ser auxiliados (devemos auxiliar os pobres).

(Atenção: o verbo "auxiliar/ajudar" em alemão – *helfen* – pede um complemento no dativo!)

> Adjetivos e particípios substantivados são escritos com letra maiúscula, como qualquer substantivo.
> Declinam-se como qualquer outro adjetivo, dependendo dos artigos que os precedem, caso existam (veja regras abaixo).

Declinação dos adjetivos usados como substantivos

Após artigos definidos e pronomes que se declinam como eles, usa-se a declinação fraca dos adjetivos. *Der Junge* é uma exceção: declina-se como os substantivos fracos (veja: **substantivos**).

*Der Arzt untersuchte den **Kranken**.*
O médico examinou o doente.

Após artigos indefinidos e pronomes que se declinam como eles, usa-se a declinação mista do adjetivo.

*Ein **Bekannter** von mir...; Wir haben unseren **Bekannten** gesehen.*
Um conhecido meu...; Vimos nosso conhecido.

III - Das Adjektiv/O Adjetivo

Quando não houver artigo, usa-se a declinação forte dos adjetivos:

Was gibt es Neues?
O que há de novo (novidade)?

Alguns adjetivos substantivados tornaram-se parte de expressões idiomáticas, e a tendência era escrevê-los com letra minúscula, mas a nova reforma ortográfica (1996) obriga o uso da maiúscula:

*Es bleibt **beim Alten**.*
As coisas continuam as mesmas.

*Er hat **den ersten Besten** genommen.*
Pegou o primeiro que lhe apareceu pela frente.

Algo de, nada de...

Quando usado com palavras como *etwas, nichts, viel, wenig, jemand*, o adjetivo é substantivado: é escrito com maiúscula e recebe a terminação neutra *-es* no nominativo e no acusativo e *-em* no dativo (forma pouco usada):

*Das ist **etwas Neues** für mich.*
Isto é algo de novo para mim.

*Er hat **nichts Interessantes** mitgebracht.*
Ele não trouxe nada de interessante.

Adjetivos pátrios

Normalmente não são escritos com maiúscula em alemão, exceto quando se encontram formando substantivos referentes a serviços públicos ou oficiais: *die Deutsche Bank*.

Quando usados como substantivo para se referir à língua, usa-se a letra maiúscula:

> *Das Deutsche ist schwieriger als das Englische.*
> O alemão é mais difícil que o inglês.
>
> *Ich kann kein Französisch.*
> Não sei francês.

Em alemão, para expressões como "ele é brasileiro/ela é alemã", usa-se um substantivo ou adjetivo substantivado em vez do adjetivo:

> *Er ist Brasilianer, aber sie ist Deutsche.*
> Ele é brasileiro, mas ela é alemã.

Alguns outros exemplos:

País	Língua	Nacionalidade (masc./fem.)
Brasilien	Portugiesisch	Brasilianer - Brasilianerin
Portugal	Portugiesisch	Portugiese - Portugiesin
Italien	Italienisch	Italiener - Italienerin
Frankreich	Französisch	Franzose - Französin
Deutschland	Deutsch	Deutscher - Deutsche
England	Englisch	Engländer - Engländerin
Spanien	Spanisch	Spanier - Spanierin

III - Das Adjektiv/O Adjetivo

Adjetivos derivados de nomes de lugares

São formados com a adição de **-er** ao nome da cidade e sempre são escritos com letra maiúscula:

    Berliner   de Berlim, berlinense
    Pariser   de Paris, parisiense

Nunca são declinados. Mas *von São Paulo* (de São Paulo), *von Tokyo* (de Tóquio).

Adjetivos advindos de *die Schweiz* e de certas regiões também são formados desse modo: *der Schweizer* (o suíço), *der Tiroler* (o tirolês).

Tais adjetivos podem ser usados como substantivos, referindo-se aos habitantes de uma cidade. Nesse caso, declinam-se como substantivos (veja: **declinação dos substantivos**). O feminino é formado com a adição de *-in* para o singular e *-innen* para o plural: *die Berlinerin, die Brasilianerinnen*.

Certos substantivos terminados em *-en* perdem o *-e* ou o *-en* de seu final antes da adição de *-er*: *München, Münchner, Münchnerin* (Munique, muniquense ou de Munique).

Existe um segundo tipo de adjetivo formado a partir do nome de uma localidade terminado em *-isch* e escrito com letra minúscula. É declinado como qualquer adjetivo (veja: **declinação do adjetivo**).

É usado principalmente quando se faz referência a alguma coisa típica do lugar:

        *Das **bayerische** Bier*   a cerveja bávara
        *die **brasilianische** Küste*   a costa (praias) brasileira

Adjetivos derivados de substantivos que expressam tempo

Para derivar adjetivos (e também advérbios) de substantivos que expressam tempo, como *Tag* (dia), *Stunde* (hora), *Jahr* (ano), acrescentamos ao substantivo as terminações *-ig*, que indica duração, ou *-lich*, que expressa repetição.

Com exceção da palavra *Monat* (mês), as outras recebem o sinal de metafonia (*Umlaut*) ao se acrescentar o sufixo:

> *Es war ein **zehntägiger** Urlaub.*
> Foram férias de dez dias.
>
> *Sie hat einen **sechsjährigen** Jungen.*
> Ela tem um menino de seis anos.
>
> *Das ist meine **tägliche** Arbeit.*
> Este é meu trabalho diário.

Die Komparation (Vergleichsformen) der Adjektive / A comparação dos adjetivos

Os adjetivos têm três formas básicas de comparação:

a) uma forma simples usada para descrever alguma coisa ou alguém (comparativo de igualdade):

> *Ein billiges Auto / das Auto ist billig*
> Um carro barato / o carro é barato

As formas simples são usadas no comparativo de igualdade: tão/tanto... quanto. Em alemão expressam-se com o uso de **so** seguido do adjetivo em sua forma normal. O segundo elemento da comparação corresponde a **wie**:

> *Sie ist **so** schön **wie** ihre Schwester.*
> Ela é tão bonita quanto sua irmã.

III - Das Adjektiv/O Adjetivo

b) Uma forma usada para comparar duas coisas ou pessoas:

Sie ist schöner als ihre Schwester.
Ela é mais bonita que sua irmã.

Em alemão, os comparativos são formados com a adição de **-er** à forma simples. O segundo elemento da comparação (que, do que) corresponde a *als*. A maioria dos adjetivos forma o comparativo desse modo.

Muitos adjetivos monossílabos recebem o sinal de metafonia ao formar os comparativos, quando se tratar de **a**, **o**, ou **u** (alteração: **ä, ö, ü**). Exemplos: **alt/älter** (velho/mais velho), **jung/jünger** (jovem/mais jovem).

Os adjetivos terminados em -el perdem o -e antes de adicionarmos o **-er** da forma comparativa: **dunkel/dunkler** (escuro/mais escuro).

O mesmo ocorre com adjetivos que contenham um ditongo seguido por **-er** em sua forma simples: **teuer/teurer** (caro/mais caro).

Quando usadas como **atributo** (isto é, antes de um substantivo), as formas comparativas são declinadas exatamente como os adjetivos simples (veja: **adjetivo, declinação**). Por exemplo:

Ein größeres Haus wäre mir lieber.
Eu preferiria uma casa maior (que esta).

c) Uma forma superlativa, usada para comparar três ou mais pessoas ou coisas:

*Sie ist **die schönste** (von allen).*
Ela é a mais bonita (de todas).

A forma superlativa pode ser **atributiva** ou **adverbial** (ou predicativa).

A forma superlativa atributiva é formada pela adição de *-st* ao adjetivo simples. A vogal do radical também se modifica algumas vezes, quando ocorre a metafonia. Ela é usada com um artigo definido e recebe as terminações de acordo com o exigido pelos casos:

> *Ich habe **das billigste Buch** gekauft.*
> Comprei o livro mais barato.

> *Er ist **der älteste Mann** von allen.*
> Ele é o homem mais velho de todos.

A forma superlativa adverbial ou predicativa é invariável e forma-se com o uso de ***am***+adjetivo+***sten***. Nesse caso, o adjetivo está se referindo ao verbo e não diretamente a um substantivo. Por exemplo:

> *Dieses Auto fährt **am schnellsten**.*
> Este carro corre mais rápido (que todos).

> *Dieses Auto ist **am modernsten**.*
> Este carro é o mais moderno (de todos).

Muitos adjetivos formam o superlativo com a adição de **-est** em vez de **-st**, quando terminam em **d, t, s, st, tz, x, z** ou ditongo.

> *Den **neuesten** Wagen habe ich noch nicht gesehen.*
> O carro mais recente (mais novo) eu ainda não vi.

III - Das Adjektiv/O Adjetivo

A forma superlativa expressa por "muito", "demais" pode ser demonstrada em alemão com o uso de advérbios como: *äußerst* (extremamente), *sehr* (muito), *besonders* (especialmente, particularmente), *außerordentlich* (extraordinariamente), *höchst* (supremo) (não usado com palavras monossilábicas), *furchtbar* (terrivelmente, uso coloquial), *richtig* (mesmo, uso coloquial), *ziemlich* (bastante). Por exemplo:

> *Sie ist eine **sehr** schöne Frau.*
> Ela é uma mulher muito bonita.
>
> *Hans ist ein **äußerst** guter Mann.*
> Hans é um homem excepcionalmente bom.

Algumas formas comparativas e superlativas irregulares:

Forma simples	Comparativo	Superlativo
gut	*besser*	*der beste*
hoch	*höher*	*der höchste*
viel	*mehr*	*der meiste*
nah	*näher*	*der nächste*

IV - DIE ZAHLWÖRTER
(OS NUMERAIS)

Neste capítulo mencionamos não apenas os numerais cardinais e os ordinais, mas também as frações, os números que indicam repetição de ações (uma vez, duas vezes), os advérbios formados por numerais (primeiro, em segundo lugar).

Veja informações sobre datas, horários e referências a dinheiro no apêndice.

Os numerais cardinais são adjetivos que podem ser usados como atributos quando antes de um substantivo, ou como predicativos, caso em que se referem a um verbo:

> *Andrea hat **drei** Kinder. Das Kleinste ist erst **eins**.*
> Andrea tem três filhos. O mais novo tem apenas um ano.

Os numerais ordinais são adjetivos e se declinam como eles. Vêm precedidos de um artigo definido, que será masculino, feminino ou neutro dependendo do gênero do substantivo ao qual se referem. Ambos, tanto o artigo, quanto o ordinal, são declinados:

> *Sie ist die erste.*
> Ela é a primeira.

> *Bei meinem vierten Versuch...*
> Na minha quarta tentativa...

Os ordinais são formados com o acréscimo de **-t-** (de 2 a 19) ou de **-st-** (a partir de 20) à forma do numeral cardinal, seguidos da terminação de adjetivo necessária. Atente para a forma diferenciada dos números 1, 3, 7 e 8.

OBSERVAÇÃO

Apenas para exemplificar, os ordinais foram colocados na tabela no nominativo masculino, mas poderão acompanhar também as formas feminina e neutra, assim como o plural.

Cardinais   **Ordinais**

0 *null*
1 *eins*   1. *der erste*
2 *zwei*   2. *der zweite*
3 *drei*   3. *der dritte*
4 *vier*   4. *der vierte*
5 *fünf*   5. *der fünfte*
6 *sechs*   6. *der sechste*
7 *sieben*   7. *der siebte*
8 *acht*   8. *der achte*
9 *neun*   9. *der neunte*
10 *zehn*   10. *der zehnte*
11 *elf*   11. *der elfte*
12 *zwölf*   12. *der zwölfte*

IV - Die Zahlwörter/Os Numerais

13 *dreizehn*	13. *der dreizehnte*
14 *vierzehn*	14. *der vierzehnte*
15 *fünfzehn*	15. *der fünfzehnte*
16 *sechzehn*	16. *der sechzehnte*
17 *siebzehn*	17. *der siebzehnte*
18 *achtzehn*	18. *der achtzehnte*
19 *neunzehn*	19. *der neunzehnte*
20 *zwanzig*	20. *der zwanzigste*
21 *einundzwanzig*	21. *der einundzwanzigste*
22 *zweiundzwanzig*	22. *der zweiundzwanzigste*
30 *dreißig*	30. *der dreißigste*
40 *vierzig*	40. *der vierzigste*
50 *fünfzig*	50. *der fünfzigste*
60 *sechzig*	60. *der sechzigste*
70 *siebzig*	70. *der siebzigste*
80 *achtzig*	80. *der achtzigste*
90 *neunzig*	90. *der neunzigste*
100 *(ein) hundert*	100. *der hundertste*
101 *hunderteins*	101. *der hunderterste*
102 *hundertzwei*	102. *der hundertzweite*
123 *hundertdreiundzwanzig*	123. *der hundertdreiundzwanzigste*
200 *zweihundert*	200. *der zweihundertste*
1000 *tausend*	1000. *der tausendste*
1001 *tausendeins*	1001. *der tausenderste*
2000 *zweitausend*	2000. *der zweitausendste*
100 000 *hunderttausend*	100 000. *der hunderttausendste*
1 000 000 *eine Million*	1 000 000. *der millionste*

OBSERVAÇÕES

Em diálogos, principalmente com referência a números de telefone, placas de automóveis etc., geralmente *zwei* é substituído por *zwo,* para se distinguir de *drei: zwo, zwoundzwanzig* etc.

O número um - *eins* - nunca é usado antes de um substantivo, caso em que usamos o artigo indefinido declinado. *Eins* aparece apenas quando contamos (*eins, zwei, drei*), calculamos (*eins plus zwei macht drei* - um mais dois é igual a três) ou quando nos referimos a um número de telefone, por exemplo.

O numeral ordinal em alemão é indicado pela presença do ponto após o algarismo: 2. *der (die, das) zweite.*

Com números grandes, usa-se espaço ou ponto para indicar a separação das centenas e dos milhares:

100 000 ou 100.000

Os números decimais são escritos como em português, com o auxílio da vírgula: 8,4 *(achtkommavier).*

IV - Die Zahlwörter/Os Numerais

Frações

Halb	meio (um)
die Hälfte	a metade
eine halbe Stunde	meia hora
das Drittel	o terço
das Viertel	o quarto
zwei Drittel	dois terços
dreiviertel	três quartos
anderthalb/eineinhalb	um e meio
zweieinhalb	dois e meio

V - DIE PRONOMEN
(OS PRONOMES)

Personalpronomen / Pronomes pessoais

Como em português, os pronomes pessoais mudam de forma dependendo da função que exercem na frase: Eu a vi, eles me viram.

Die Deklination der Personalpronomen / A declinação dos pronomes pessoais

Nominativo	Acusativo	Dativo
ich (eu)	**mich** (me)	**mir** (me, a mim)
du (tu, você)	**dich** (te, o/a)	**dir** (te, a ti, lhe)
er (ele)	**ihn** (o)	**ihm** (lhe, a ele)
sie (ela)	**sie** (a)	**ihr** (lhe, a ela)
es (ele/a)	**es** (o/a)	**ihm** (lhe, a ele/a)
wir (nós)	**uns** (nos)	**uns** (nos, a nós)
ihr (vós, vocês)	**euch** (vos, os/as)	**euch** (vos, a vós, a vocês)
sie (eles/as)	**sie** (os/as)	**ihnen** (lhes)
Sie (formal) (*)	**Sie**	**Ihnen**

(*) **Sie** pode ser traduzido por *o senhor, a senhora, os senhores* ou *as senhoras*. Depende do contexto. Veja explicação de seu uso a seguir.

O uso dos pronomes pessoais

- **Sie** é a maneira formal de nos dirigirmos às pessoas. É usado com referência à pessoa com quem falamos e corresponde a *o senhor/a senhora, os senhores/as senhoras* (singular ou plural, masculino ou feminino). Embora se refira a uma segunda pessoa (singular ou plural), é sempre acompanhado de um verbo conjugado na terceira pessoa do plural. **É escrito com letra maiúscula, em todos os casos e declinações, inclusive no possessivo.** Apenas com o **pronome reflexivo "sich"** usa-se letra minúscula.

Sie é usado:

a) por crianças dirigindo-se a adultos que não sejam da família;

b) por adultos conversando com adolescentes. Professores usam com suas classes mais avançadas, e os mestres, com seus aprendizes;

OBSERVAÇÃO
Entretanto, está se tornando cada vez mais comum o uso do tratamento informal (**du, ihr**) entre professores e alunos.

c) entre adultos que acabam de se conhecer e também em ambientes públicos, como lojas, restaurantes ou na rua;

d) entre colegas, amigos e conhecidos, até que um deles sugira que se tratem informalmente e o outro aceite. Nesse caso, o tratamento informal deve ser usado continuamente,

V - Die Pronomen/Os Pronomes

pois o retorno ao tratamento formal poderia ser considerado um insulto.

- **du** é uma forma singular, usada apenas quando nos dirigimos a crianças, amigos íntimos e parentes, animais e objetos de nossa afeição. Em caso de dúvida, opte sempre pelo pronome formal **Sie**.

- **ihr** é a forma plural de **du** e deve ser usada nas mesmas circunstâncias.

> As formas familiares **du** e **ihr** sempre são escritas com letra minúscula, mas, segundo a ortografia antiga, deviam ser escritas com maiúscula em cartas e convites em todos os casos, inclusive quando usávamos os pronomes possessivos.
> Exemplo: *Lieber Hans, wie geht's **Dir**? Und **Deiner** Familie?* (Caro Hans, como vai? E sua família?)
> Você ainda pode encontrar esta grafia em muitos livros não atualizados.

- **er/sie/es**
Como já vimos, os substantivos em alemão são masculinos, femininos ou neutros. O pronome pessoal deve concordar em número e em gênero com o substantivo que representa:

> ***Der Tisch** ist neu. **Er** hat DM 250- gekostet.*
> A mesa é nova. Ela custou DM 250-.

> **OBSERVAÇÃO**
>
> *Es* é usado para todos os substantivos neutros e não apenas para os inanimados, como ocorre em inglês, por exemplo. Objetos inanimados que são masculinos são tratados por *er* e os femininos, por *sie*:
>
> *Das Baby schreit, weil es hungrig ist.*
> O bebê está chorando porque (ele) está com fome.

O uso do pronome "es"

• "es" como sujeito da oração

Em princípio, não há oração sem sujeito na língua alemã. O sujeito pode ser omitido em alguns poucos casos, como já foi mencionado, ao usarmos orações coordenadas entre si.

Por exemplo:

> *Sie hat gefrühstückt, das Haus in Ordnung gebracht, und ist weggegangen.*
> Ela tomou o café da manhã, arrumou a casa e saiu.

Por esse motivo, o pronome neutro **es** é muito usado, várias vezes com uma função meramente formal: a de servir de sujeito para uma frase que, em português, viria sem ele.

O pronome **es** é usado obrigatoriamente:

a) em algumas expressões fixas, como:

V - Die Pronomen/Os Pronomes

>*Es geht mir gut.* (resposta à pergunta *Wie geht's [= es] dir?* "Como vai?")
>Vou bem.

b) em expressões impessoais:

>*Es **gibt** viel zu tun.*
>Há muito a fazer.
>
>*Es kommt darauf an.*
>Depende.

c) em expressões relacionadas com o tempo:

>*Es regnet, es ist auch windig. Es ist sieben Uhr.*
>Está chovendo, também está ventando. São sete horas.

d) em expressões referentes a distância:

>*Es ist nicht weit von hier. Es sind nur zwei Kilometer.*
>Não é longe daqui. São apenas dois quilômetros.

• **"es" como complemento verbal**

Há casos em que o pronome **es** serve de acusativo formal, também não podendo ser omitido, como em várias expressões idiomáticas formadas com o verbo *haben (es gut/ schlecht/leicht/eilig haben)*:

>*Wir haben **es** eilig.*
>Estamos com pressa.
>
>*Anne hat **es** gut: Sie braucht nicht einzukaufen.*
>Anne tem uma vida boa: ela não precisa fazer compras.

Os pronomes pessoais no genitivo

Existem formas do pronome pessoal no genitivo, mas são raramente usadas. São elas:

> *meiner*   *unser*
> *deiner*   *euer*
> *seiner*   *ihrer*
> *ihrer*   *Ihrer*

Formas alternativas são usadas no cotidiano para evitá-las. Por exemplo, em vez de dizer *Ich habe **deiner** gedacht* (Pensei em você), a construção escolhida será *Ich habe **an dich** gedacht*.

No lugar das formas *meiner, deiner, seiner*, usam-se ainda no cotidiano as formas abreviadas *mein, dein, sein:*

> *Vergiss **mein** nicht!*
> Não se esqueça de mim!

Há formas especiais do genitivo usadas com as posposições *wegen* e *willen*: *meinetwegen, deinetwegen* etc. (por minha causa, por tua causa); *meinetwillen, deinetwillen* etc. (por mim, por minha vontade).

O uso dos pronomes após as preposições

Os pronomes pessoais referentes a pessoas usados após uma preposição estarão, no caso, regidos pela preposição usada:

> *Er fährt **mit mir** nach Bonn.*
> Ele vai comigo para Bonn.

V - Die Pronomen/Os Pronomes

Quando os pronomes de terceira pessoa se referem a coisas, pode ocorrer no lugar da estrutura preposição+pronome a forma **da-** + preposição (ou **dar-** + preposição, caso a preposição comece por vogal). Essa estrutura ocorre com as seguintes preposições: **an, auf, aus, bei, durch, für, in, mit, nach, neben, über, unter, zwischen**:

> *Wir fahren mit dem Bus / Wir fahren **damit**.*
> Vamos com o ônibus / Vamos com ele.

Usa-se bastante essa estrutura também com verbo com complemento preposicionado, como *sich interessieren für* (interessar-se por), *sprechen über* (falar de), *sich freuen auf* (alegrar-se com):

> *Interessierst du dich **für Politik**? Nein, ich interessiere mich nicht **dafür**.*
> Você se interessa por política? Não, não me interesso (por isso).

Com preposições usadas para expressar movimento, opta-se por formas com **hin-** (para lá) e **her-** (para cá):

> *aus: hinaus/heraus*
> *auf: hinauf/herauf*
> *in: hinein/herein*

> *Komm **in das Zimmer**!*
> Venha para o quarto!

> *Komm **herein**!*
> Venha aqui para dentro!

Possessivpronomen / Pronomes possessivos

Os pronomes possessivos são escolhidos de acordo com a pessoa a que se referem e recebem a terminação de caso concordando com a coisa possuída:

*Ich habe ein Auto. Da ist **mein** Auto.*
Tenho um carro. Lá está meu carro.

Os pronomes possessivos **mein** (meu), **dein** (teu, de você), **sein** (dele), **ihr** (dela), **unser** (nosso), **euer** (vosso, de vocês), **ihr** (deles/delas), **Ihr** (do senhor/da senhora/dos senhores/das senhoras) declinam-se como se segue:

	Singular			Plural
	masc.	fem.	neutro	(todos os gêneros)
nominativo	-	-e	-	-e
acusativo	-en	-e	-	-e
genitivo	-es	-er	-es	-er
dativo	-em	-er	-em	-en

Exemplo:

	Masculino	Feminino	Neutro
nominativo	*mein Vater* (meu pai)	*meine Mutter* (minha mãe)	*mein Auto* (meu carro)
acusativo	*meinen Vater* (meu pai)	*meine Mutter* (minha mãe)	*mein Auto* (meu carro)
genitivo	*meines Vaters* (de meu pai)	*meiner Mutter* (de minha mãe)	*meines Autos* (de meu carro)
dativo	*meinem Vater* (a meu pai)	*meiner Mutter* (a minha mãe)	*meinem Auto* (a meu carro)

V - Die Pronomen/Os Pronomes

Os adjetivos usados após os possessivos seguem a declinação mista (veja: **declinação do adjetivo**). Exemplo:

*Hast du seinen **neuen** Wagen gesehen?*
Você viu o carro novo dele?

*Sein **neuer** Wagen ist sehr schön.*
O seu (dele) carro novo é muito bonito.

Os pronomes possessivos sem as terminações são os seguintes:

	Singular	Plural
1.ª pessoa	mein-	unser-
2.ª pessoa	dein-	eu(e)r-
3.ª pessoa (er, es)	sein-	ihr-
(sie)	ihr-	ihr
tratamento formal (Sie)	Ihr-	Ihr-

*Hast du eine Tasche? Bring **deine** Tasche mit!*
Você tem uma bolsa? Traga sua bolsa (junto)!

OBSERVAÇÃO

Como ocorre em português, o pronome possessivo pode exercer função adjetiva quando acompanha um substantivo, ou função substantiva, referindo-se a algo/alguém já mencionado. Nesse caso, ele receberá as terminações adequadas ao caso em que se encontra. Por exemplo:

> *Meine Schwester sorgt für **ihr** Kind, ich sorge für **meins**.*
> Minha irmã cuida do filho dela, eu cuido do meu.
>
> Nesse caso, trata-se de um acusativo singular neutro.

Reflexivpronomen / Pronomes reflexivos

Os pronomes reflexivos, usados com os verbos reflexivos, possuem duas formas, uma no acusativo, outra no dativo:

	Acusativo	Dativo
(ich)	mich	mir
(du)	dich	dir
(er, sie, es, Sie)	sich	sich
(wir)	uns	uns
(ihr)	euch	euch
(sie, Sie)	sich	sich

Diferentemente dos pronomes pessoais e possessivos, a forma correspondente a *Sie* não se escreve com maiúscula:

> *Freuen Sie **sich** auf Ihre Ferien in Brasilien?*
> O senhor/A senhora está feliz com as (futuras) férias no Brasil?

O pronome reflexivo ocupa o lugar mais próximo do verbo

V - Die Pronomen/Os Pronomes

ou do sujeito a que se refere, caso haja inversão da estrutura da oração:

> *Er wäscht **sich** vor der Arbeit. Wascht ihr **euch** auch?*
> Ele se lava antes do trabalho. Vocês também se lavam?

Os pronomes reflexivos também são usados após preposições:

> *Das Kind hat nicht genug Geld **bei sich**.*
> A criança não tem dinheiro suficiente consigo (com ela).

Um outro uso do reflexivo, em alemão, é com verbos transitivos em que a ação se realiza em benefício do próprio sujeito. Nesse caso, nem sempre o pronome é traduzido para o português:

> *Sie hat **sich** ein neues Auto gekauft.*
> Ela comprou um carro novo (para si mesma).
>
> *Ich hole **mir** eine andere Tasse Kaffee.*
> Vou buscar uma outra xícara de café (para mim).

Pronomes reflexivos que expressam reciprocidade

O pronome reflexivo pode ser usado para exprimir **reciprocidade**, que também pode ser expressa por *einander* (forma invariável). Nesse caso, o verbo nem sempre é reflexivo. Ele pode estar apenas expressando reciprocidade.

Quando *einander* é usado após preposições, forma uma só palavra:

*Sie lieben **sich** (er liebt sie, sie liebt ihn).*
Eles se amam (ele a ama, ela o ama).

*Sie sprachen **miteinander** und gingen weg.*
Conversaram (um com o outro) e foram embora.

Demonstrativpronomen / Pronomes demonstrativos

Os pronomes demonstrativos situam no espaço os seres de que se fala. São utilizados para fazer referência a uma coisa ou pessoa. Os mais importantes são:

der, das, die (o, a)

As formas desse pronome são idênticas às do pronome relativo (veja: **pronome relativo**):

dieser, dieses, diese (este/a, esse/a)
jener, jenes, jene (aquele, aquela)
solcher, solches, solche (tal)

Um exemplo: *dieser*, *diese*, *dieses* (este, esta).

	Masculino	Feminino	Neutro
nominativo	**dieser** Mann	**diese** Frau	**dieses** Kind
acusativo	**diesen** Mann	**diese** Frau	**dieses** Kind
genitivo	**dieses** Mannes	**dieser** Frau	**dieses** Kindes
dativo	**diesem** Mann	**dieser** Frau	**diesem** Kind

V - Die Pronomen/Os Pronomes

O plural é igual para os três gêneros:

nom.	**diese** Männer, Frauen, Kinder
acus.	**diese** Männer, Frauen, Kinder
gen.	**dieser** Männer, Frauen, Kinder
dat.	**diesen** Männer**n**, Frauen, Kinder**n**

- **derjenige/diejenige/dasjenige** (aquele/a) declina-se exatamente igual ao artigo definido seguido de um adjetivo na declinação fraca:

	Masculino	Neutro	Feminino
nom.	derjenige Mann	dasjenige Kind	diejenige Frau
acus.	denjenigen Mann	dasjenige Kind	diejenige Frau
gen.	desjenigen Mannes	desjenigen Kindes	derjenigen Frau
dat.	demjenigen Mann	demjenigen Kind	derjenigen Frau

O plural possui a mesma forma para os três gêneros:

nom.	diejenigen Männer, Kinder, Frauen
acus.	diejenigen Männer, Kinder, Frauen
gen.	derjenigen Männer, Kinder, Frauen
dat.	denjenigen Männern, Kindern, Frauen

- **derselbe/dieselbe/dasselbe** (o mesmo/a mesma) é declinado como **derjenige**:

    *Sie ist mit **demselben** roten Kleid zur Party gegangen.*
    Ela foi à festa com o mesmo vestido vermelho.

Os pronomes *selbst* e *selber*

Em alemão, a ideia enfática expressa em português por "o próprio, mesmo/a" se consegue com o uso de **selber** (forma mais coloquial) ou **selbst** (forma mais culta) posicionado após o substantivo ou pronome a que se refere:

- **selbst** e **selber** são invariáveis, não importando o número ou gênero da palavra a que se referem:

> *Der Präsident **selbst** (**selber**) ist gekommen.*
> O próprio (ele mesmo) presidente veio.

> *Das muss ich **selbst** (**selber**) tun.*
> Eu mesmo preciso fazer isso.

Relativpronomen / Pronomes relativos

Os pronomes relativos são usados para introduzir uma oração subordinada adjetiva, isto é, introduzem uma oração que acrescenta uma informação a respeito de algo ou alguém já mencionado.

Possuem as mesmas formas que o artigo definido, exceto no dativo plural e nas formas do genitivo.

Declinam-se como se segue:

V - Die Pronomen/Os Pronomes

	Singular			Plural
	masc.	fem.	neutro	(todos os gêneros)
nominativo	**der**	**die**	**das**	**die**
acusativo	**den**	**die**	**das**	**die**
genitivo	**dessen**	**deren**	**dessen**	**deren**
dativo	**dem**	**der**	**dem**	**denen**

Os pronomes relativos concordam em gênero e número com o substantivo a que se referem. Entretanto, estarão no caso da função que exercem na oração subordinada em que se encontram. Exemplos:

*Hier ist der Wagen, **der** mir gefällt.*
Aqui está o carro que me agrada. (sujeito: caso nominativo)

*Hier ist der Wagen, **den** ich gekauft habe.*
Aqui está o carro que eu comprei. (objeto: caso acusativo)

As formas genitivas são usadas desconsiderando-se o gênero e o número da coisa possuída, ou seja, consideram apenas o possuidor. Diferente, portanto, do português, que concorda em gênero e número com a coisa possuída. Exemplo:

*Der Mann, **dessen** Bücher interessant sind.*
O homem cujos livros são interessantes.

Em alemão, as orações relativas sempre são separadas da oração principal por vírgulas.

Normalmente, o pronome relativo fica o mais próximo possível do nome ou pronome a que se refere. Mas, às vezes, um infinitivo, particípio ou prefixo separável pode distanciar o pronome relativo de seu antecedente:

> *Sie möchte mit **jemandem** sprechen, **der** heute da ist.*
> Ela gostaria de falar com alguém que esteja aí hoje.
>
> *Bitte, bringen Sie **das Buch** mit, **das** auf dem Tisch liegt.*
> Por favor, traga o livro que se encontra sobre a mesa.

• **wer, was, wo como pronomes relativos**

Os pronomes interrogativos *wer, was, welcher, worauf, wo* etc. (veja: **pronomes interrogativos**) podem ser usados como pronomes relativos ou como sujeito ou objeto da oração principal, quando se trata de afirmações generalizantes, como é o caso dos ditos populares e provérbios:

> ***Wer** nicht hören will, **(der)** muss fühlen.*
> Quem (aquele que) não sabe ouvir deve sentir.
>
> ***Was** mich nicht umbringt, macht mich stark.*
> (Nietzsche)
> O que não me destrói me fortalece.

V - Die Pronomen/Os Pronomes

> ### OBSERVAÇÃO
>
> **Was** é o pronome relativo usado numa série de expressões com formas neutras:
>
> **alles, was** (tudo o que)
> **das, was** (aquilo que)
> **dasselbe, was** (o mesmo que)
> **einiges, was** (alguma coisa que)
> **nichts, was** (nada que)
> **vieles, was** (muito que)
> **wenig, was** (pouco que)
>
> *Das ist **nichts, was** ich suchte.*
> Isto não é nada do que eu estava procurando.

Fragepronomen / Pronomes interrogativos

Os pronomes interrogativos são usados tanto em perguntas diretas quanto indiretas:

***Wem** hast du das Buch gegeben?*
A quem você deu o livro?

*Ich weiß nicht, **wem** du das Buch gegeben hast.*
Não sei a quem você deu o livro.

Os pronomes interrogativos podem referir-se a pessoas ou coisas e empregados tanto em frases interrogativas diretas quanto indiretas. São os seguintes:

	Pessoas	Coisas
nominativo	**wer?**	**was?**
acusativo	**wen?**	**was?**
genitivo	**wessen?**	**wessen?**
dativo	**wem?**	-

Quando usado como sujeito de oração, o verbo sempre se encontra no singular, como ocorre no português:

> *Wer **hat** die Vase gebrochen? Die Kinder!*
> Quem quebrou o vaso? As crianças!

Exceção: quando seguidos por um verbo de ligação, podem concordar com o sentido plural da frase. Note que o mesmo ocorre na língua portuguesa:

> *Wer **sind** diese Kinder?*
> Quem são essas crianças?

Quando usado com preposições, **was** geralmente assume a forma **wo-** (ou **wor-**, quando a preposição começa por vogal) e forma com a preposição que o segue uma só palavra. Essa construção é similar à com **da(r)- + preposição**, da qual falamos anteriormente (veja: **o uso dos pronomes após as preposições**):

> *Er fährt mit dem Bus. **Womit?** Mit dem Bus!*
> Ele vai de ônibus. De quê? De ônibus!

V - Die Pronomen/Os Pronomes

Lembre-se de que **was** refere-se a coisas. Quando nos referimos a pessoas, essa construção não pode ser usada:

> *Er fährt mit seiner Mutter. **Mit wem**? Mit ihr!*
> Ele vai com sua mãe. Com quem? Com ela!

Como ocorre com **da(r) + preposição**, essa construção também não é usada com preposições que indicam movimento, casos em que **wohin** ou **woher** são usados:

> *Er fährt **nach** München. Wohin? Nach München!*
> Ele vai para Munique. Para onde? Para Munique!

• **was für ein? welch-?**

Was für ein declina-se como o artigo indefinido e tem o significado também indefinido de "que tipo de...":

> ***Was für ein** Buch möchten Sie?* (acusativo neutro)
> Que tipo de livro o senhor quer?

A expressão pode ser usada acompanhada de preposições, e estas determinam o caso a ser usado:

> ***Mit was für einem** Kleid gehst du zur Party?*
> (dativo neutro)
> Com que tipo de vestido você vai à festa?

Welch- declina-se como o artigo definido e significa "qual, quais":

***Welchen** Bus soll ich nehmen?* (acusativo masculino)
Qual ônibus devo tomar?

Ambos são usados em perguntas diretas ou indiretas e podem referir-se a pessoas ou coisas:

***Welchen** Mantel nimmt sie?*
Que casaco ela vai levar?

*Ich möchte wissen, **welchen** Mantel sie nimmt.*
Gostaria de saber qual casaco ela vai levar.

Declinação de **welch-**, pronome interrogativo:

	Singular			Plural
	masc.	fem.	neutro	(todos os gêneros)
nominativo	**welcher**	**welche**	**welches**	**welche**
acusativo	**welchen**	**welche**	**welches**	**welche**
genitivo	**welches**	**welcher**	**welches**	**welcher**
dativo	**welchem**	**welcher**	**welchem**	**welchen**

Indefinitpronomen / Pronomes indefinidos

Os pronomes indefinidos se referem a pessoas ou coisas de modo impreciso. Os mais utilizados são:

a) para pessoas: *man* (veja a seguir), *jemand* (alguém), *irgendwer* (quem quer que seja), *niemand* (ninguém).

V - Die Pronomen/Os Pronomes

b) para coisas: *etwas* (algo, alguma coisa), *nichts* (nada).

c) para coisas e pessoas: *einer* (um, algum), *welcher* (que), *jeder* (cada).

• **man**

Trata-se de um pronome indefinido, bastante usado em alemão, mas apenas no nominativo. Pode ser comparado ao "a gente" informal do português e ao "se" indefinido, sendo frequentemente usado como alternativa para a voz passiva. Nos casos acusativo e dativo, usa-se o pronome indefinido **einer** (acusativo: **einen**, dativo: **einem**).

> *Hier trinkt **man** einen außerordentlich guten Wein.*
> Aqui se (a gente) bebe um vinho excepcionalmente bom.

> *Wo kann **man** ein gutes Restaurant finden?*
> Onde se (a gente) pode encontrar um bom restaurante?

Declinação de alguns pronomes indefinidos

jemand	(alguém)
nominativo	**jemand**
acusativo	**jemanden, jemand**
genitivo	**jemand(e)s**
dativo	**jemandem, jemand**

niemand	(ninguém)
nominativo	**niemand**
acusativo	**niemanden, niemand**
genitivo	**niemand(e)s**
dativo	**niemandem, niemand**

As formas sem terminação são preferidas na linguagem oral, enquanto as declinadas são preferidas no estilo escrito e literário.

Quando **jemand** e **niemand** são usados seguidos de um adjetivo, geralmente não se declinam, mas o adjetivo vem escrito com letra maiúscula e declina como se segue:

nominativo	**jemand/niemand Gutes**
acusativo	**jemand/niemand Gutes**
dativo	**jemand/niemand Gutem**

• **keiner** (nenhum)

	Singular			Plural
	masc.	fem.	neutro	(todos os gêneros)
nominativo	**keiner**	**keine**	**keines**	**keine**
acusativo	**keinen**	**keine**	**keines**	**keine**
dativo	**keinem**	**keiner**	**keinem**	**keinen**

Declina-se como o artigo indefinido **kein**, exceto no nominativo masculino e no nominativo e acusativo neutros. Pode ser usado com referência a pessoas ou coisas:

V - Die Pronomen/Os Pronomes

*Siehst du einen Hund? Nein, ich sehe **keinen**.*
Você está vendo um (algum) cachorro?
Não, não estou vendo nenhum.

• **einer** (um)

Singular			
	masc.	fem.	neutro
nominativo	**einer**	**eine**	**ein(e)s**
acusativo	**einen**	**eine**	**ein(e)s**
genitivo	**eines**	**einer**	**eines**
dativo	**einem**	**einer**	**einem**

Pode ser usado com referência a pessoas ou coisas e só existe no singular:

*Ich habe ein Auto. Hast du schon **eins**?*
Tenho um carro. Você já tem um?

Generalidades

Os pronomes seguintes, ao se declinar, concordam em gênero e número com o nome ou pronome a que se referem. Podem também ser usados em função adjetiva:

all(er) (pron. indefinido) (todo/s)
ander (pron. indefinido) (outro/s)
derjenige (pron. demonstrativo) (aquele)

derselbe (pron. demonstrativo) (o mesmo)
dies(er) (pron. demonstrativo) (este)
einig(er) (pron. indefinido) (algum)
irgendwelch(er) (pron. indefinido) (qualquer um)
jeder (pron. indefinido) (cada)
jener (pron. demonstrativo) (aquele)
manch(er) (pron. indefinido) (muito/s)
mehrere (pron. indefinido) (vários)
sämtlich (pron. indefinido) (todos)
solch(er) (pron. demonstrativo) (tal)
welch(er) (pron. indefinido) (o qual)

São invariáveis: *etwas, nichts, ein paar, ein wenig, mehr, ein bisschen.*

Quando um adjetivo é usado após *etwas* ou *nichts*, é escrito com letra maiúscula e assume a terminação neutra, significando *algo de/nada de*: **etwas Neues** (algo de novo) **nichts Gutes** (nada de bom).

VI - DIE VERBEN
(OS VERBOS)

Verbos são palavras que exprimem ação, estado ou mudança de estado e fenômenos naturais, situando essas ocorrências no tempo (presente, passado ou futuro).

O verbo flexiona-se em número (singular ou plural), pessoa (1.ª, 2.ª ou 3.ª), modo (indicativo, subjuntivo, imperativo), tempo (presente, passado, futuro) e voz (ativa, passiva).

Para saber mais sobre a flexão de pessoa, veja **pronomes pessoais**.

A forma do verbo encontrada no dicionário é o infinitivo. Em alemão, há muitos verbos derivados, formados pelo acréscimo de prefixo. Esse prefixo pode ser separável ou inseparável. Quando ele é separável, ao conjugarmos as formas simples do verbo, o prefixo ocupará o último campo da oração, que denominaremos campo do verbo 2 (de campo do verbo 1 chamamos aquele que apresenta as características de pessoa e tempo). Leia mais a esse respeito em **verbos com prefixos** e em **ordem fraseológica**.

Modus / Modo

Há três modos:

- **indicativo**: o narrador expressa o fato como uma coisa certa, concreta:

Es regnet. Andreas kommt nicht.
Está chovendo. Andreas não vem (virá).

Hast du deine Hausaufgabe schon gemacht?
Você já fez seus deveres (sua lição) de casa?

- **subjuntivo**: é um modo bastante usado em alemão, especialmente na linguagem formal e na literatura. Embora haja uma forte tendência quanto a se usar o modo indicativo na linguagem oral, o subjuntivo é ainda muito comum.

Em alemão, como ocorre em português, enquanto o indicativo mostra fatos ou certezas, o subjuntivo expressa uma irrealidade ou especulação a respeito de uma situação. O falante expressa o fato como uma coisa hipotética, incerta, ou como uma possibilidade. Compare:

Er kommt noch!
Ele ainda virá!

Er könnte noch kommen.
Talvez ele ainda venha.

Esse modo, chamado de conjuntivo em alemão, difere em alguns aspectos do português. Ele se subdivide em Konjunktiv I e Konjunktiv II.

O Konjunktiv I é usado para expressar ordem ou desejo, mas sua principal função é na formação do discurso indireto:

*Sie sagte, sie **sei** zu Hause geblieben.*
Ela disse que ficou em casa.

O Konjunktiv II, também usado no discurso indireto, tem como função principal expressar um fato irreal ou potencial, ou seja, um fato que "poderia" se tornar real. É usado principalmente nas orações subordinadas condicionais; nesse caso, assemelhando-se ao subjuntivo da língua portuguesa:

> *Wenn ich Geld **hätte**, **ginge** ich ins Kino.*
> Se eu tivesse dinheiro, iria ao cinema.

Como notamos nos exemplos acima, a correspondência tanto do Konjunktiv I quanto do Konjunktiv II com um tempo verbal em português varia muito, dependendo da frase em que se encontram: podem ser traduzidos ora por tempos do indicativo, ora por outros do subjuntivo.

- **imperativo**: o falante expressa o fato como uma ordem, um conselho, um pedido ou um convite:

> ***Komm mit**, Anne!*
> Venha junto, Anne!

Formação dos tempos

Na língua alemã há tempos simples e compostos (em português chamados de locuções verbais). Para formar os tempos compostos, é necessário conhecer o particípio passado dos verbos e os verbos auxiliares. Para formar os tempos simples, você precisa saber se um verbo é fraco, forte ou misto.

Os verbos fracos (**schwache Verben**), também chamados de regulares, são aqueles que não sofrem mudanças vocálicas no radical. Ex.: **lern**en (aprender), ich **lern**e (eu aprendo), ich **lern**te (aprendi), ge**lern**t (aprendido).

Os verbos fortes (**starke Verben**) são aqueles que sofrem modificações no radical. O que diferencia um verbo forte de um fraco é principalmente a formação do **Präteritum** (pretérito do indicativo) e do **Partizip II** (particípio), mas às vezes essa mudança ocorre também na segunda e na terceira pessoas do singular do **Präsens** (presente do indicativo). Por exemplo:

>verbo fraco: **sagen / er sagt / er sagte / gesagt** (dizer)
>verbo forte: **sprechen / er spricht / er sprach / gesprochen** (falar)
>**fahren / er fährt / er fuhr / gefahren** (dirigir, ir em veículo)

Há ainda os verbos mistos, que sofrem mudança vocálica como os fortes, mas sua terminação segue o paradigma dos verbos fracos:

nennen	chamar
er nennt	ele chama
er nannte	chamou
genannt	chamado

Algumas gramáticas englobam os verbos mistos e os fortes numa só categoria: a dos verbos irregulares.

VI - Die Verben/Os Verbos

> **OBSERVAÇÃO**
>
> Como a correspondência entre os tempos verbais do português e do alemão nem sempre é fixa, podendo variar de acordo com o contexto, julgamos conveniente não associar os nomes dos tempos verbais da língua alemã à nomenclatura da língua portuguesa, a fim de serem evitadas generalizações enganosas.

Tempos simples

> **das Präsens** (Indikativ): *ich lerne*
> **das Präteritum** (Indikativ): *ich lernte*
> **der Konjunktiv I**: *(dass) ich lerne*
> **der Konjunktiv II**: *(dass) ich lernte*

Os tempos simples são formados com a adição de terminações a determinado radical. As terminações indicam o número, a pessoa e o tempo do verbo conjugado: **ich lerne** (eu aprendo), **wir lernen** (nós aprendemos), **ihr lernt** (vocês aprendem, vós aprendeis).

Tempos compostos

Os tempos compostos relacionados com o passado são:

> **das Perfekt** (Indikativ): *er hat gemacht / er ist gekommen*
> **das Perfekt** (Konjunktiv): *er habe gemacht / er sei gekommen*

das Plusquamperfekt (Indikativ): *er hatte gemacht / er war gekommen*
das Plusquamperfekt (Konjunktiv): *er hätte gemacht / er wäre gekommen*

Os tempos futuros em alemão também são tempos compostos. São eles:

Futur I (Indikativ): *er wird machen / er wird kommen*
Futur I (Konjunktiv): *er werde machen / er werde kommen*
Futur II (Indikativ): *er wird gemacht haben / er wird gekommen sein*
Futur II (Konjunktiv): *er werde gemacht haben / er werde gekommen sein*

Para conjugarmos os tempos compostos, que são formados com o uso do verbo auxiliar apropriado mais uma parte do verbo principal, precisamos antes conhecer os verbos auxiliares em suas formas mais usadas.

Die Hilfsverben / Os verbos auxiliares

Há três verbos auxiliares:

haben - usado para tempos passados
sein - também usado para tempos passados
werden - usado para os tempos futuros, para a voz passiva e para formas alternativas do Konjunktiv

VI - Die Verben/Os Verbos

A conjugação dos verbos auxiliares em seus tempos mais usados para a formação dos compostos é a seguinte:

Präsens

Sein	Haben	Werden
ich bin	*ich habe*	*ich werde*
du bist	*du hast*	*du wirst*
er, sie, es ist	*er, sie, es hat*	*er, sie, es wird*
wir sind	*wir haben*	*wir werden*
ihr seid	*ihr habt*	*ihr werdet*
sie/Sie sind	*sie/Sie haben*	*sie/Sie werden*

Präteritum

Sein	Haben	Werden
ich war	*ich hatte*	*ich wurde*
du warst	*du hattest*	*du wurdest*
er, sie, es war	*er, sie, es hatte*	*er, sie, es wurde*
wir waren	*wir hatten*	*wir wurden*
ihr wart	*ihr hattet*	*ihr wurdet*
sie/Sie waren	*sie/Sie hatten*	*sie/Sie wurden*

Formação e uso dos tempos simples do modo indicativo

- **Das Präsens / O presente**

Os verbos fracos são regulares em sua conjugação. Tanto o **Präsens** quanto o **Präteritum** do indicativo são formados pela adição de terminações específicas ao radical do verbo. Esse radical é formado pela supressão da terminação **-en** do infinitivo, que é a forma encontrada nos dicionários.

Exemplos:

>**holen** (buscar) radical: **hol-**
>**machen** (fazer) radical: **mach-**

Quando o infinitivo de um verbo fraco termina em **-eln** ou **-ern**, somente o **-n** é suprimido para formar o radical.

Exemplos:

>**wandern** (caminhar) radical: **wander-**
>**handeln** (comercializar) radical: **handel-**

As terminações do **Präsens**, usadas para qualquer tipo de verbo, são as seguintes:

1.ª pessoa sing.	**-e**	1.ª pessoa pl.	**-en**
2.ª pessoa sing.	**-st**	2.ª pessoa pl.	**-t**
3.ª pessoa sing.	**-t**	3.ª pessoa pl.	**-en**

Um exemplo de conjugação de um verbo fraco: o verbo **lernen** (aprender, estudar):

VI - Die Verben/Os Verbos

1.ª pes. sing.	*ich lerne*	eu aprendo, estou aprendendo
2.ª pes. sing.	*du lernst*	você aprende (tu aprendes)
3.ª pes. sing.	*er, es, sie lernt*	ele, ela aprende
1.ª pes. pl.	*wir lernen*	nós aprendemos
2.ª pes. pl.	*ihr lernt*	vocês aprendem (vós aprendeis)
3.ª pes. pl.	*sie lernen*	eles/elas aprendem
tratamento formal	*Sie lernen*	o senhor/os senhores, a senhora/ as senhoras aprende(m)

Exemplos de conjugação de verbos com prefixo separável e inseparável:

        prefixo separável: ***ein****kaufen* (fazer compras)
        prefixo inseparável: ***ver****kaufen* (vender)
        (ambos derivados do verbo *kaufen*, que significa comprar)

Einkaufen			Verkaufen
ich kaufe		*ein*	*ich verkaufe*
du kaufst		*ein*	*du verkaufst*
er, sie, es kauft		*ein*	*er, sie, es verkauft*
wir kaufen		*ein*	*wir verkaufen*
ihr kauft		*ein*	*ihr verkauft*
sie kaufen		*ein*	*sie verkaufen*
Sie kaufen		*ein*	*Sie verkaufen*

OBSERVAÇÃO

- Quando o radical de um verbo fraco termina em **-d** ou **-t**, o **-e** da terminação permanece. O mesmo ocorre com os verbos fortes, *mas não quando a vogal do radical sofre metafonia.*

Exemplos de verbos fracos:

   ich arbeite, du arbeitest, er arbeitet etc. (trabalhar)
   ich rede, du redest, er redet etc. (conversar)

Exemplos de verbos fortes:

   ich binde, du bindest, er bindet (atar)
   Mas: *ich halte, du hältst, er hält* (segurar)
   ich lade, du lädst, er lädt (carregar)

- Verbos fracos terminados em **-m** ou **-n** permanecem com o **-e**, se não forem precedidos de **l, r** ou **h**.

Exemplos:

   ich atme, du atmest, er atmet
   (respiro, respiras, respira)
   mas: *ich lerne, du lernst, er lernt*
   (aprendo, aprendes, aprende)

- Verbos fracos e fortes cujo radical termine em um som sibilante (**-s, -z, -ß**) normalmente perdem o **-s** da terminação da segunda pessoa do singular (**du**) no presente do indicativo, mas, quando o som sibilante é **-sch**, o **-s** é mantido.

VI - Die Verben/Os Verbos

> Exemplos de verbos fracos:
>
> *ich grüße, du grüßt, er grüßt* (cumprimento, cumprimentas)
> *ich lösche, du löschst, er löscht* (apago, apagas)
>
> Exemplos de verbos fortes:
>
> *ich wachse, du wächst* (cresço, cresces)
> *ich wasche, du wäschst* (lavo, lavas)

As mudanças possíveis na vogal do radical do **Präsens** de um verbo forte são as seguintes:

e longo - **ie** (*i* longo):
ich sehe, du siehst (vejo, vês)

e breve - **i** (*i* breve)
ich helfe, du hilfst (ajudo, ajudas)

a - ä:
ich fahre, du fährst (dirijo, diriges)

au - äu:
ich laufe, du läufst (corro, corres)

o - ö:
ich stoße, du stößt (bato contra, bates)

Os verbos que sofrem essas modificações são mencionados na lista de verbos fortes e mistos que se encontra no apêndice.

Dois exemplos de verbos fortes conjugados no **Präsens**: a) o verbo **kommen** (vir), que não apresenta irregularidade no radical do **Präsens**; b) o verbo **lesen** (ler), com modificação no radical.

	Kommen	**Lesen**
ich	*komme*	*lese*
du	*kommst*	***liest***
er, sie, es	*kommt*	***liest***
wir	*kommen*	*lesen*
ihr	*kommt*	*lest*
sie	*kommen*	*lesen*
Sie	*kommen*	*lesen*

O uso do Präsens

Diferente do português, que usa uma locução verbal substituindo o presente simples (estou trabalhando, ela está estudando) para indicar um fato que está acontecendo no momento em que se fala, a língua alemã expressa essa mesma ideia com o **Präsens**, ou ainda com o auxílio de algum advérbio que transmita a ideia de continuidade da ação:

Er lernt jetzt.
Ele está estudando agora.

Zur Zeit wohnt sie in Berlin.
Atualmente ela está morando (mora) em Berlim.

VI - Die Verben/Os Verbos

O **Präsens** também é usado com sentido de futuro próximo, mais frequentemente do que em português:

Morgen rufe ich dich an.
Telefono para você amanhã.

• **Das Präteritum / O pretérito**

As terminações usadas para os verbos fracos são as seguintes:

1.ª pessoa do singular **-te**
2.ª pessoa do singular **-test**
3.ª pessoa do singular **-te**
1.ª pessoa do plural **-ten**
2.ª pessoa do plural **-tet**
3.ª pessoa do plural **-ten**

Exemplo: o verbo *lernen* (aprender)

ich lernte	eu aprendi, aprendia, estava aprendendo, estive aprendendo
du lerntest	tu aprendeste (você aprendeu)
er, es, sie lernte	ele/ela aprendeu
wir lernten	nós aprendemos
ihr lerntet	vós aprendestes (vocês aprenderam)
sie, Sie lernten	eles (o senhor/a senhora, os senhores/as senhoras) aprendeu/ram

> **OBSERVAÇÃO**
>
> O **Präteritum** pode ser traduzido pelo perfeito do indicativo, pelo imperfeito ou ainda por uma locução verbal, como indicamos na tradução da primeira pessoa do singular.

Quando o radical termina em **-t** ou **-d**, o **-e** do radical permanece, como ocorre na formação do **Präsens**:

ich arbeitete, du arbeitetest, er arbeitete etc.
(trabalhei, trabalhaste, trabalhou...)

ich redete, du redetest, er redete etc.
(conversei, conversaste, conversou...)

O **Präteritum** (do indicativo) dos verbos fortes não recebe as mesmas terminações que a dos verbos fracos. A primeira e a terceira pessoas do singular são iguais, não recebendo terminação alguma. As terminações para as outras pessoas são idênticas às do **Präsens**. Elas se adicionam a um radical diferente do radical do **Präsens**, que nos é fornecido pela lista de verbos em sua forma da 1.ª pessoa do singular.

As terminações para a formação do **Präteritum** dos verbos fortes são as seguintes:

1.ª pessoa do singular   -
2.ª pessoa do singular   **-st**
3.ª pessoa do singular   -

1.ª pessoa do plural   **-en**
2.ª pessoa do plural   **-t**
3.ª pessoa do plural   **-en**

Um exemplo de verbo forte conjugado: o verbo *singen* (cantar). Você encontrará na lista de verbos as formas *singen/sang/gesungen*. A primeira é o infinitivo; a segunda, o radical do **Präteritum**; e a terceira, o particípio passado.

ich	sang
du	sangst
er, sie, es	sang
wir	sangen
ihr	sangt
sie/Sie	sangen

Na segunda pessoa do singular do **Präteritum** dos verbos fortes cujo radical termina em som sibilante (inclusive **-sch**), a sibilante permanece e um **-e** é inserido antes da terminação normal:

lesen (ler): *ich las, du lasest; schließen* (fechar): *ich schloss, du schlossest; waschen* (lavar): *ich wusch, du wuschest.*

O uso do Präteritum

O **Präteritum** é o tempo por excelência da narrativa. É utilizado para fazer referência a uma sequência de fatos ocorridos no passado, sem haver interferência ou discussão a esse respeito:

Sie wachte sehr früh auf und duschte. Sie ging in die Küche und trank eine Tasse Kaffee.
Ela se levantou bem cedo e tomou um banho de chuveiro. Foi para a cozinha e bebeu uma xícara de café.

É usado para descrever ações passadas que não possuem vínculo com o presente:

Gestern regnete es.
Ontem choveu.

O uso do **Präteritum** na língua falada é sensivelmente mais raro do que o **Perfekt**, no entanto ele é usado com alguns verbos, sobretudo *haben* e *sein*, quando estes estão acompanhados de um complemento:

Ich hatte Kopfschmerzen, deswegen bin ich zu Hause geblieben.
Eu estava com dor de cabeça, por isso fiquei em casa.

Formação e uso dos tempos compostos do modo indicativo

- **Das Perfekt und das Plusquamperfekt / O perfeito e o mais-que-perfeito**

Os tempos compostos no passado normalmente são formados com o auxílio do verbo *haben*, mais o particípio passado do verbo principal (veja: **Partizip II**):

Haben *Sie das Haus* **gekauft***?*
O senhor comprou a casa?

VI - Die Verben/Os Verbos

> *Er **hatte** mich **angerufen***.
> Ele tinha me telefonado.

Certos verbos usam o auxiliar *sein* em vez de *haben*, o que vem indicado na lista de verbos fortes e mistos contida no apêndice. Eles pertencem a três tipos principais:

a) verbos intransitivos (aqueles que não precisam de um complemento) e que frequentemente mostram uma mudança de tempo ou espaço:

> *Ich **bin** nach Bremen **gefahren***.
> Viajei para Bremen.

b) certos verbos com o significado de "acontecer":

> *Was **ist geschehen**? Was **ist passiert**?*
> O que aconteceu?

c) alguns outros, como *bleiben* (permanecer), *gelingen* (conseguir), *begegnen* (encontrar), *sein* (ser, estar), *sterben* (morrer), *werden* (tornar). Por exemplo:

> *Wir **sind** zu Hause **geblieben***.
> Permanecemos em casa.

Em alguns casos, o verbo ora é conjugado com *haben*, ora com *sein*, dependendo do fato de estar sendo usado transitiva ou intransitivamente:

> *Er **hat** mich nach Berlin **gefahren***.
> Ele me levou (num veículo) para Berlim.
> (transitivo, auxiliar **haben**)

*Er **ist** nach Berlin **gefahren**.*
Ele foi (de carro, de trem) para Berlim.
(intransitivo, auxiliar **sein**)

O **Perfekt** é formado pelo presente do verbo auxiliar **haben** ou **sein** mais o particípio passado (**Partizip** II) do verbo. Por exemplo:

ich habe gemacht   *ich bin gekommen*
du hast gemacht   *du bist gekommen*
er, sie, es hat gemacht   *er, sie, es ist gekommen*
wir haben gemacht   *wir sind gekommen*
ihr habt gemacht   *ihr seid gekommen*
sie/Sie haben gemacht   *sie/Sie sind gekommen*

O **Plusquamperfekt** é formado pelo **Präteritum** (do indicativo) do auxiliar **haben** ou **sein** mais o particípio passado (**Partizip** II) do verbo. Por exemplo:

ich hatte gemacht   *ich war gekommen*
du hattest gemacht   *du warst gekommen*
er, sie, es hatte gemacht   *er, sie, es war gekommen*
wir hatten gemacht   *wir waren gekommen*
ihr hattet gemacht   *ihr wart gekommen*
sie/Sie hatten gemacht   *sie/Sie waren gekommen*

O uso do Perfekt

O **Perfekt** descreve ações ou acontecimentos que ainda possuam um vínculo com o presente ou com o narrador:

*Ich **bin** in die Stadt **gefahren** und **habe** eine schöne Tasche **gekauft**.*
Fui à cidade e comprei uma bela bolsa.

É usado na conversação e na comunicação a fim de expressar um passado:

> *Er **hat** die Suppe **gegessen**.*
> Ele tomou a sopa.

OBSERVAÇÃO

Na prática, tanto o **Perfekt** quanto o **Präteritum** são intercambiáveis, e na linguagem falada é comum a mistura de ambos.

O uso do Plusquamperfekt

Como no mais-que-perfeito do português, é usado para fazer referência a uma ação passada anterior a outra, também passada:

> *Als er ankam, **hatte** sie das Essen schon **vorbereitet**.*
> Quando ele chegou, ela já tinha preparado o almoço.

Formação e uso dos tempos futuros

Os tempos futuros são formados de maneira igual para todos os verbos, sejam eles fracos, fortes ou mistos.

O auxiliar **werden** é usado com todos os verbos acompanhado do infinitivo do verbo principal.

O infinitivo é colocado no final da frase (veja: **ordem fraseológica**).

Como formar o futuro

O **Futur I** é formado com o presente do **werden** mais o infinitivo do verbo. Exemplo:

> *ich werde machen* (eu farei, vou fazer)
> *du wirst machen* (tu farás, você fará)
> *er, sie, es wird machen* (ele/ela fará)
> *wir werden machen* (nós faremos)
> *ihr werdet machen* (vós fareis/vocês farão)
> *sie werden machen* (eles/elas farão)
> *Sie werden machen* (o senhor/a senhora fará, os senhores/as senhoras farão)

O **Futur II** é formado com o presente do indicativo do **werden** mais o infinitivo perfeito. Exemplos:

> *ich werde gemacht haben* (eu terei feito)
> *du wirst gemacht haben* (tu terás feito, você terá feito)
> *er, sie, es wird gemacht haben* (ele/ela terá feito)
> *wir werden gemacht haben* (nós teremos feito)
> *ihr werdet gemacht haben* (vós tereis feito, vocês terão feito)
> *sie werden gemacht haben* (eles/elas terão feito)
> *Sie werden gemacht haben* (o senhor/a senhora terá feito, os senhores/as senhoras terão feito)

O infinitivo perfeito é formado pelo infinitivo de **haben/sein** precedido do **Partizip II** (particípio passado) do verbo. Exemplos: *machen - gemacht haben; kommen - gekommen sein*.

VI - Die Verben/Os Verbos

• Das Futur I / O futuro I

Como vimos, com frequência o **Präsens** (presente) é usado como um tempo futuro, principalmente quando se faz referência a um futuro próximo ou quando se pretende exprimir certeza:

> *Nächstes Jahr fahre ich nach Europa.*
> No ano que vem vou para a Europa.

O **Futur I** é usado para:

a) enfatizar (promessa, determinação)

> *Das Auto werde ich nächsten Monat kaufen.*
> O carro eu vou comprar no próximo mês.

b) expressar suposição:

> *Sie wird bestimmt noch kommen.*
> Com certeza ela ainda virá.

c) expressar intenção futura (sem especificação de tempo):

> *Ich werde dir helfen.*
> Vou ajudá-lo.

• Das Futur II / O futuro II

O **Futur II** é usado, como em português, para indicar que a ação estará concluída no momento futuro em questão:

> *Bis Montag werde ich das Auto repariert haben.*
> Até segunda-feira terei consertado o carro.

É usado para expressar uma suposição:

> *Er wird das gemacht haben.*
> Ele deve ter feito isto.

Na linguagem falada, pode ser substituído pelo **Perfekt**:

> *Bis er ankommt, sind wir schon weggefahren.*
> Até ele chegar, já teremos ido embora.

Formação e uso dos tempos simples do modo subjuntivo (Der Konjunktiv)

• **Der Konjunktiv I: formação e uso**

Para formar o **Konjunktiv I** de qualquer verbo, devemos adicionar as terminações do subjuntivo ao radical do infinitivo do verbo. As terminações são as seguintes:

1.ª pessoa do singular	**-e**
2.ª pessoa do singular	**-est**
3.ª pessoa do singular	**-e**
1.ª pessoa do plural	**-en**
2.ª pessoa do plural	**-et**
3.ª pessoa do plural	**-en**

Exemplos:

verbo fraco: **machen**   verbo forte: **singen**
ich mache   *ich singe*
du machest   *du singest*
er, sie, es mache   *er, sie, es singe*
wir machen   *wir singen*

ihr machet   *ihr singet*
sie machen   *sie singen*
Sie machen   *Sie singen*

O Konjunktiv I dos verbos auxiliares

Sein	Haben	Werden
ich sei	*habe*	*werde*
du seiest	*habest*	*werdest*
er, sie, es sei	*habe*	*werde*
wir seien	*haben*	*werden*
ihr seid	*habet*	*werdet*
sie/Sie seien	*haben*	*werden*

Os usos do Konjunktiv I

O principal uso do **Konjunktiv I** ocorre no discurso indireto.

Tudo o que uma pessoa diz ou pensa pode ser expresso de um dos seguintes modos:

a) diretamente:

> *Andreas sagte: Ich **gehe** allein ins Kino.*
> Andreas disse: vou sozinho ao cinema.

b) indiretamente:

> *Andreas sagte, dass er allein ins Kino **ginge**.*
> Andreas disse que ia sozinho ao cinema.

Em português, o discurso indireto é indicado pelas mudanças de tempo verbal:

>discurso direto – Ela disse: eu sei toda a lição.
>discurso indireto – Ela disse que sabia toda a lição.

Em alemão, a mudança não é apenas no tempo verbal, mas no modo: de indicativo para subjuntivo.

Há duas maneiras de introduzir o discurso indireto em alemão:

a) a oração que narra o que foi dito é introduzida por *dass* (que, conjunção integrante). O verbo conjugado vai para o fim da oração:

>*Der Präsident sagte, dass es um neue Arbeitsplätze gehe.*
>O presidente disse que se trata de novos empregos.

b) *dass* pode ser omitido. Nesse caso, a oração permanece inalterada, isto é, o verbo fica na segunda posição em vez de ir para o fim da frase:

>*Der Präsident sagte, es gehe um neue Arbeitsplätze.*

Formas do subjuntivo no discurso indireto

No discurso indireto, quando a forma do **Konjunktiv I** for idêntica à forma do **Präsens**, usa-se em seu lugar o **Konjunktiv II**. Caso este também coincida com a forma do indicativo, usa-se a forma alternativa com o subjuntivo de **werden** (*würd-*).

Acompanhe a sequência:

Discurso direto:

> *Meine Freunde sagten: Wir bleiben bis Montag.*
> Meus amigos disseram: nós vamos ficar até segunda-feira.

Discurso indireto:

> *Meine Freunde sagten, sie **bleiben** bis Montag.*
> Forma insatisfatória: na terceira pessoa do plural, **Konjunktiv I** e o **Präsens** são idênticos.
> No entanto, é forma usada coloquialmente.

> *Meine Freunde sagten, sie **blieben** bis Montag.*
> Forma insatisfatória: também neste caso o **Konjunktiv II** coincide com o **Präteritum**.
> Essa forma, porém, aparece na língua escrita.

> *Meine Freunde sagten, sie **würden** bis Montag **bleiben**.*
> Esta seria a forma alternativa, que não possibilitaria dubiedade.

- **Der Konjunktiv II: formação e uso**

Para formar o **Konjunktiv II**, adicionam-se as terminações indicadas a seguir à raiz do **Präteritum**. Tratando-se de um verbo forte, a vogal temática se modifica, quando possível, com o acréscimo do sinal de metafonia (*Umlaut*), isto é, **a = ä, o = ö, u = ü**. As exceções aparecem na tabela de verbos fortes. Exemplo: **Präteritum: er gab** (ele deu), **Konjunktiv II**: **er gäbe.**

As terminações do **Konjunktiv II** são:

1.ª pessoa do singular	**-e**
2.ª pessoa do singular	**-(e)st**
3.ª pessoa do singular	**-e**
1.ª pessoa do plural	**-en**
2.ª pessoa do plural	**-(e)t**
3.ª pessoa do plural	**-en**

Exemplos:

verbo fraco: **machen**   verbo forte: **singen** (cantar)

ich machte   *ich sänge*
du machtest   *du säng(e)st*
er, sie, es machte *er, sie, es sänge*
wir machten   *wir sängen*
ihr machtet   *ihr säng(e)t*
sie machten   *sie sängen*
Sie machten   *Sie sängen*

O Konjunktiv II dos verbos auxiliares

	Sein	Haben	Werden
ich	wäre	hätte	würde
du	wärest	hättest	würdest
er, sie, es	wäre	hätte	würde
wir	wären	hätten	würden
ihr	wäret	hättet	würdet
sie/Sie	wären	hätten	würden

Como formar tempos compostos do modo subjuntivo

Das Perfekt (subjuntivo): é formado pelo **Konjunktiv I** de **haben** ou **sein** mais o particípio passado do verbo.

Exemplos:

Machen

ich habe gemacht
du habest gemacht
er, sie, es habe gemacht
wir haben gemacht
ihr habet gemacht
sie/Sie haben gemacht

Kommen

ich sei gekommen
du sei(e)st gekommen
er, sie, es sei gekommen
wir seien gekommen
ihr seiet gekommen
sie/Sie seien gekommen

Das Plusquamperfekt (subjuntivo): é formado pelo **Konjunktiv II** de **haben** ou **sein** mais o particípio passado do verbo.

Exemplos:

Machen

ich hätte gemacht
du hättest gemacht
er, sie, es hätte gemacht
wir hätten gemacht
ihr hättet gemacht
sie/Sie hätten gemacht

Kommen

ich wäre gekommen
du wär(e)st gekommen
er, sie, es wäre gekommen
wir wären gekommen
ihr wär(e)t gekommen
sie/Sie wären gekommen

Das Futur I (subjuntivo): tanto dos verbos fracos quanto dos fortes e mistos é formado pelo **Konjunktiv I** do **werden** mais o infinitivo.

Exemplo:

> *ich werde machen*
> *du werdest machen*
> *er, sie, es werde machen*
> *wir werden machen*
> *ihr werdet machen*
> *sie/Sie werden machen*

O subjuntivo formado com o auxiliar **werden** é uma alternativa para as formas do **Konjunktiv** quando estas são iguais às dos tempos do indicativo.

Na linguagem coloquial, essa forma alternativa é muito usada como substituta das formas do **Konjunktiv II**, exceto as dos verbos **sein** e **haben** e as dos modais.

Konjunktiv II do werden, mais o infinitivo.

Exemplo:

> *ich würde machen*
> *du würdest machen*
> *er, sie, es würde machen*
> *wir würden machen*
> *ihr würdet machen*
> *sie/Sie würden machen*

VI - Die Verben/Os Verbos

Konjunktiv II do werden mais o infinitivo perfeito.

Exemplo:

ich würde gemacht haben
du würdest gemacht haben
er, sie, es würde gemacht haben
wir würden gemacht haben
ihr würdet gemacht haben
sie/Sie würden gemacht haben

Os usos do Konjunktiv II

Além de seu uso no discurso indireto, já visto anteriormente (veja: **usos do Konjunktiv I**), o **Konjunktiv II** é usado:

- para mostrar uma condição improvável:

A oração condicional (**wenn-Satz**) tem um verbo no **Konjunktiv II**, e a oração principal pode ter um verbo tanto no **Konjunktiv II** quanto no subjuntivo formado com o auxiliar **werden**. Falamos nesse caso de uma condição potencial, ou seja, há possibilidade de ela vir a se tornar uma realidade:

*Wenn ich Geld **hätte**, **ginge** ich ins Theater (ou: **würde** ich ins Theater **gehen**).*
Se eu tivesse dinheiro, iria ao teatro. (potencial: talvez eu consiga o dinheiro)

- o **Konjunktiv II** de **sollen** ou **wollen** ou ainda um tempo formado com o subjuntivo do **werden** podem ser usados na oração com **wenn** para substituir um **Konjunktiv II** incomum ou um subjuntivo que não pode ser distinguido do mesmo tempo do indicativo:

    Würdest du diese Arbeit machen, wenn man gut bezahlen würde?
    Você faria este trabalho, se pagassem bem?

Nesse caso, tanto o verbo **machen** quanto **bezahlen** possuem as formas do subjuntivo coincidentes com as do indicativo, o que ocorre com todos os verbos fracos (regulares).

- para mostrar uma condição não realizada. A oração com **wenn** requer um **Plusquamperfekt** (do subjuntivo), enquanto a oração principal estará no **Plusquamperfekt** (subjuntivo) ou no **Perfekt** (subjuntivo) do **werden**. Nesse caso, fala-se de uma condição irreal, pois jamais se realizará:

    *Wenn ich viel Geld **gehabt hätte**, wäre ich zuerst vier Wochen lang in Urlaub **gefahren**, dann **hätte** ich ein neues Auto **gekauft**.*
    Se eu tivesse tido muito dinheiro, eu teria viajado de férias por quatro semanas e depois teria comprado um carro novo. (situação irreal: na época, eu não tive o dinheiro, não viajei nem comprei o carro)

> **OBSERVAÇÃO**
>
> O modo indicativo é usado para expressar uma condição provável.

O **wenn** pode ser omitido nas orações condicionais. O verbo, nesse caso, deve seguir o sujeito, e **dann** ou **so** normalmente introduz a oração principal:

> *Wäre ich gestern bei dir gewesen, dann hätte ich dir das Geschenk gegeben.*
> Se tivesse estado na sua casa ontem, (então) eu teria dado o presente a você.

Em português, poderíamos também dizer "tivesse eu estado...", forma que se aproxima dessa estrutura alemã.

- para especular ou presumir:

> *Hätte sie ihm das Buch gegeben, wenn sie ihn gesehen hätte?*
> Será que ela lhe teria dado o livro, se o tivesse visto?

- depois de *als, als ob,* indicando uma comparação hipotética:

> *Er tut so, als wäre er reich.*
> Ele age como se fosse rico.

*Es sieht so aus, als ob es **regnen würde**.*
Parece que vai chover.

- quando houver uma incerteza ou dúvida:

    *Er **könnte** zu Hause sein.*
    Ele poderia estar em casa.

- para indicar um pedido:

    ***Würden** Sie bitte **eintreten**?*
    Por favor, entre.

- para indicar possibilidade ou irrealidade teóricas:

    Im Jahr 2002 dürfte Frankfurt mehr als 1,5 Millionen Einwohner haben.
    É provável que Frankfurt tenha mais de 1,5 milhão de habitantes no ano 2002.

Os usos do subjuntivo formado com werden

- pode ser usado no lugar do **Konjunktiv II** para expressar uma condição improvável, uma suposição:

    Wenn ich Geld hätte, würde ich ein Auto kaufen.
    Se eu tivesse dinheiro, compraria um carro.

- é usado para afirmações ou perguntas indiretas para substituir o futuro do subjuntivo em conversação ou quando a forma do subjuntivo não pode ser distinguida:

    Sie fragte, ob wir fahren würden.
    Ela perguntou se nós viajaríamos.

O uso do Perfekt (subjuntivo) formado com *werden*

- pode ser usado no lugar do **Plusquamperfekt** do subjuntivo em uma sentença que contenha uma oração com **wenn**, embora o subjuntivo seja a forma mais usada:

    Wenn du die Tasche gekauft hättest, würdest du es gemerkt haben.
    Se você tivesse comprado a bolsa, teria notado isso.

Verbos mistos

Há nove verbos mistos em alemão e, como sua denominação já diz, eles se formam por uma mistura dos verbos fracos e fortes. São eles:

denken (pensar), *kennen* (conhecer), *nennen* (denominar, chamar), *rennen* (correr), *senden* (enviar), *bringen* (trazer), *brennen* (queimar), *wenden* (virar), *wissen* (saber) (veja: **lista de verbos fortes e mistos**).

Os verbos mistos formam o **Präteritum** adicionando-se as terminações dos verbos fracos a uma raiz modificada como a dos verbos fortes. Exemplos: *kennen- ich kannte, du kanntest* etc.; *wissen- ich wusste, du wusstest* etc.

OBSERVAÇÃO

Bringen e *denken* sofrem também uma mudança consonantal: *denken- ich dachte; bringen- ich brachte.*

A formação do **Konjunktiv II** dos verbos mistos não segue uma regra. Veja a seguir suas formas:

> *kennen- ich kennte; rennen- ich rennte;*
> *senden- ich sendete;*
> *brennen- ich brennte; wissen- ich wüsste; wenden- ich wendete; denken- ich dächte; bringen- ich brächte; nennen- ich nennte*

Os outros tempos são formados do mesmo modo que os verbos fortes.

O particípio passado (**Partizip II**) dos verbos mistos apresenta características tanto dos verbos fracos quanto dos fortes (veja: **lista de verbos fortes e mistos**).

• **Der Imperativ / O imperativo**

É a forma usada para dar uma ordem ou um comando, ou ainda para fazer um pedido: Venha aqui! Traga-me aquilo!

Há três formas mais usuais de imperativo em alemão: para *du, ihr* e *Sie*.

Formação:

> singular (du): radical (**+ e**) **Hol(e)**! Pegue!
> plural (ihr): radical + **t Holt!** Peguem!
>
> Forma de tratamento: radical + **en Sie   Holen Sie**! Pegue(m)!

O imperativo formal exige a presença do pronome **Sie**, que nunca pode ser omitido, mesmo quando se trate de várias ordens seguidas:

> *Holen Sie mir den Brief, lesen Sie den Vertrag und unterschreiben Sie bitte die Papiere!*
> Busque a carta para mim, leia o contrato e assine os documentos, por favor.

Geralmente o **-e** da forma singular é omitido, **mas não** quando o radical do verbo termina em **-t, -d, -chn, -ckn, -dn, -fn, -gn** ou **-tm**.

Exemplos:

> *arbeiten: Arbeite!*   Trabalhe!
> *öffnen: Öffne!*   Abra!

Os verbos fracos que terminam em **-eln** ou **-ern** recebem o -e final na forma singular, mas o **-e-** do radical pode ser omitido.

Exemplo:

> *wandern- Wand(e)re!* (Caminhe!)

As mudanças vocálicas que ocorrem no presente de um verbo forte também ocorrem em sua forma imperativa singular e não há adição de **-e**: *nehmen: du nimmst.* Imperativo: *Nimm!* (Pegue!)

Exceção:

> *sehen: Sieh(e)!*   Veja!

> **OBSERVAÇÃO**
>
> Se a modificação é o acréscimo de um sinal de metafonia (**Umlaut**), este não aparece no imperativo. Exemplo: *fahren - du fährst - Fahr(e)!* Dirija!

Na forma imperativa de verbos reflexivos, o pronome é colocado após o verbo: *sich setzen* (sentar-se):

> *Setz dich! Setzt euch! Setzen Sie sich*! Sente(m)-se!

Prefixos separáveis são colocados ao final da frase imperativa. Exemplos: *zumachen* (fechar), *mitkommen* (ir junto):

> *Mach das Fenster zu*!   Feche a janela!
> *Komm aber mit*!   Venha junto!

> **OBSERVAÇÕES**
>
> - As frases imperativas normalmente são usadas com ponto de exclamação, exceto quando, em vez de uma ordem, a frase esteja expressando um pedido de orientação. Por exemplo:
>
>   *Bring mir das Buch, bitte!*
>   Traga-me o livro, por favor!

VI - Die Verben/Os Verbos

Compare:

> *Sagen Sie mir bitte, wie ich nach Berlin komme.*
> Diga-me, por favor, como chego a Berlim.

- *du* e *ihr*, embora sejam normalmente omitidos nas formas imperativas, podem aparecer numa frase para enfatizá-la:

  > *Sag **du** ihm, was los ist!*
  > Diga **você** a ele o que está acontecendo!

Existe uma forma imperativa para a primeira pessoa do plural (**wir**). É igual à forma normal do verbo conjugado no presente, apenas com a inversão da posição do pronome. Indica mais uma sugestão do que propriamente uma ordem:

> *Gehen wir also ins Kino!*
> Vamos ao cinema, então!

O verbo *sein* forma o imperativo de maneira irregular:

> *Sei! Seid! Seien wir! Seien Sie!*

- As partículas enfáticas *auch, nur, mal, doch* são usadas com frequência no imperativo. Algumas vezes é difícil encontrar uma tradução para elas:

Geh doch!	Vá!
Versuchen Sie es mal!	Tente!
Mach es auch richtig!	Faça corretamente!

(Veja também: **partículas enfáticas**.)

Algumas formas alternativas que substituem o imperativo em alemão

Muitas vezes o infinitivo é usado no lugar do imperativo em instruções escritas (placas, por exemplo), comandos militares ou anúncios públicos:

> *Bitte nicht rauchen!*
> Favor não fumar.
>
> *Einsteigen!*
> Todos a bordo!
>
> *Kartoffeln waschen und in Würfeln schneiden.*
> Lavar as batatas e cortar em cubos.

A voz passiva impessoal também pode ser utilizada:

> *Jetzt wird aufgeräumt!*
> Agora (você) vai arrumar isso tudo!

Substantivos e adjetivos ou advérbios também podem ser usados como ordem:

> *Ruhe!* Silêncio!
> *Vorsicht!* Cuidado!

Algumas dessas formas já se consolidaram:

> *Achtung!* Atenção!
> *Rauchen verboten!* É proibido fumar!

VI - Die Verben/Os Verbos

Das Passiv / A voz passiva

Na voz ativa, o sujeito de um verbo desempenha a ação expressa por ele. Mas, na passiva, o sujeito do verbo recebe a ação. Compare:

O gato comeu o passarinho (voz ativa, sujeito agente: o gato)
O passarinho foi comido pelo gato (voz passiva, sujeito paciente: o passarinho)

O verbo usado em português para formar a voz passsiva é "ser"; em alemão, é *"werden"*:

> *Das Buch wurde gekauft.*
> O livro foi comprado.

(Veja a conjugação de *werden* no capítulo referente aos verbos auxiliares.)

- Em português, o **agente da passiva** é introduzido pela preposição "por". Em alemão são usadas:

von - para o agente da ação. Exemplo:

> *Das Kind wurde **von einem Hund** gebissen.*
> A criança foi mordida por um cachorro.

durch - para o intermediário, ou uma causa inanimada:

> *Die Tür wurde **durch den Wind** geöffnet.*
> A porta foi aberta pelo vento.

- A voz passiva pode ser usada para dar uma ideia de impessoalidade ou de distância ao acontecimento:

    Die Praxis ist von Dr. Braun übernommen worden.
    O consultório foi assumido pelo dr. Braun.

- A voz passiva pode ser substituída por:

a) uma forma ativa do verbo, com o uso do pronome impessoal *man* como sujeito (compare com o uso do pronome indefinido "se" em português):

    Man hat das Haus schon verkauft.
    A casa já foi vendida / Vendeu-se já a casa.

    Man arbeitet hier am Samstag.
    Trabalha-se aqui aos sábados.

b) *sich lassen*, seguido de um verbo no infinitivo:

    Das lässt sich feststellen.
    Isso pode ser verificado.

- Uma oração com um verbo transitivo direto e indireto em português, como o verbo "dar", teria várias opções em alemão. Compare: Liese deu um livro a ela. Em português: Um livro foi dado a ela (por Liese).

    Ein Buch wurde ihr von Liese gegeben.
    ou:
    Es wurde ihr von Liese ein Buch gegeben.
    ou:
    Ihr wurde ein Buch von Liese gegeben.

VI - Die Verben/Os Verbos

Mas normalmente seria usada uma forma ativa: *Liese gab ihr ein Buch*.

- Verbos que normalmente pedem um complemento no dativo em alemão (o correspondente a um objeto indireto em português) podem ser usados na voz passiva, mas apenas em frases impessoais ou com o auxílio de **man**:

    Er half mir.
    Ele me ajudou.

    Mir wurde von ihm geholfen.
    Fui ajudado por ele.

ou ainda:

   Es wurde mir (von ihm) geholfen.

- Alguns tempos verbais, como o **Futur II** da passiva, são simplesmente substituídos por um tempo na voz ativa ou por uma construção com **man**: *Ich meine, das wird schon gemacht worden sein* (Acho que isso já deve ter sido feito) seria substituído por: *Ich meine, man wird das schon gemacht haben*.

Raramente são usadas as formas do **würde** na passiva, sendo preferidas as formas ativas ou ainda o **Plusquamperfekt** do subjuntivo.

> **OBSERVAÇÃO**
>
> Algumas construções em português que não admitem voz passiva (verbos intransitivos), mas antes uma construção com um pronome impessoal (Trabalha-se muito aqui), são normalmente usadas na voz passiva em alemão: *Hier wird viel gearbeitet.*

Conjugação da voz passiva

Tempos simples

Präsens (Indicativ - Passiv): Präsens (modo indicativo) de **"werden"** + **Partizip II** (particípio passado) do verbo:

> *ich werde gehört*
> *du wirst gehört*
> *er/sie/es wird gehört*
> *wir werden gehört*
> *ihr werdet gehört*
> *sie/Sie werden gehört*

(eu sou ouvido, tu és / você é ouvido etc.)

Alternativa: *man hört mich*

Präsens (Konjunktiv - Passiv): Konjunktiv I de **"werden"** + **Partizip II** do verbo:

> *ich werde gehört*
> *du werdest gehört*

> *er/sie/es werde gehört*
> *wir werden gehört*
> *ihr werdet gehört*
> *sie/Sie werden gehört*
> (que) eu seja ouvido etc.

Lembre-se: o subjuntivo possui usos específicos em alemão (veja: **usos do Konjunktiv**).

Alternativa: *man höre mich*

Präteritum (Indicativ - Passiv): **Präteritum** (modo indicativo) de **"werden"** + **Partizip II** do verbo:

> *ich wurde gehört*
> *du wurdest gehört*
> *er/sie/es wurde gehört*
> *wir wurden gehört*
> *ihr wurdet gehört*
> *sie/Sie wurden gehört*
> (eu fui ouvido etc.)

Alternativa: *man hörte mich.*

Präteritum (Konjunktiv - Passiv): **Präteritum** do subjuntivo do **"werden"** + **Partizip II** do verbo:

> *ich würde gehört*
> *wir würden gehört etc.*
> (eu teria sido ouvido, nós teríamos sido ouvidos etc.)

Alternativa: *man hörte mich (man würde mich hören).*

Tempos compostos

Perfekt (Indikativ - Passiv): **Präsens** (do indicativo) do **"sein"** + **Partizip II** do verbo + **worden**:

> *ich bin gehört worden*
> (fui ouvido)

Alternativa: *man hat mich gehört.*

Perfekt (Konjunktiv - Passiv): **Präsens** (do subjuntivo) do **"sein"** + **Partizip II** do verbo + **worden**:

> *ich sei gehört worden*
> (que) eu tenha sido ouvido

Alternativa: *man habe mich gehört.*

Plusquamperfekt (Indicativ - Passiv): **Präteritum** (do indicativo) do **"sein"** + **Partizip II** do verbo + **worden**:

> *ich war gehört worden*
> (eu tinha sido ouvido)

Alternativa: *man hatte mich gehört.*

Plusquamperfekt (Konjunktiv - Passiv): **Präteritum** (do subjuntivo) do **"sein"** + **Partizip II** do verbo + **worden**:

> *ich wäre gehört worden*
> (eu teria sido ouvido)

Alternativa: *man hätte mich gehört.*

VI - Die Verben/Os Verbos

Infinitiv Präsens (Passiv) (infinitivo passivo): infinitivo do **"werden"** + **Partizip II** do verbo:

>   *gehört werden*
>   (ser ouvido)

Futur I (Indikativ - Passiv): **Präsens** (do indicativo) do **"werden"** + infinitivo passivo do verbo:

>   *ich werde gehört werden*
>   (eu serei ouvido)

Alternativa: *man wird mich hören.*

Futur I (Konjunktiv - Passiv): **Präsens** (do subjuntivo) do **"werden"** + infinitivo passivo do verbo:

>   *ich werde gehört werden*
>   (Veja: **usos do Konjunktiv**.)

Alternativa: *man werde mich hören.*

Infinitiv Perfekt (Passiv) (infinitivo perfeito passivo): **Partizip II** do verbo + **worden sein**:

>   *gehört worden sein*
>   (ter sido ouvido)

Futur II (Indicativ - Passiv): **Präsens** (do indicativo) do **"werden"** + infinitivo perfeito passivo do verbo:

>   *ich werde gehört worden sein*
>   (eu terei sido ouvido)

Alternativa: *man wird mich gehört haben.*

Passiva com o imperfeito do subjuntivo do **"werden"** + infinitivo do presente passivo do verbo:

> *ich würde gehört werden*
> (eu seria ouvido)

(Veja: **usos do Konjunktiv**.)

Alternativa: *man würde mich hören.*

Passiva do imperfeito do subjuntivo do **"werden"** + infinitivo perfeito passivo do verbo:

> *ich würde gehört worden sein*
> (eu teria sido ouvido)

Alternativa 1: *man würde mich gehört haben.*
Alternativa 2: *man hätte mich gehört.*

Der Infinitiv / O infinitivo

Há quatro formas do infinitivo: o infinitivo presente e o perfeito ativos e o infinitivo presente e o perfeito passivos. Todas são usadas para formar certos tempos compostos. O infinitivo presente da voz ativa é a forma constante nos dicionários. Exemplos:

Infinitiv Präsens - infinitivo presente ativo: *machen* (fazer)
Infinitiv Perfekt - infinitivo perfeito ativo: *gemacht haben* (ter feito)
Infinitiv Präsens - Passiv - infinitivo presente passivo: *gemacht werden* (ser feito)

Infinitiv Perfekt - Passiv - infinitivo perfeito passivo: *gemacht worden sein* (ter sido feito)

Usos

- precedido por **zu**

a) Em orações reduzidas de infinitivo que complementam vários verbos:

> *Er versuchte zu arbeiten.*
> Ele tentou trabalhar.

b) após adjetivos:

> *Es war schwer zu kommen.*
> Foi difícil de vir.

c) após substantivos em orações infinitivas:

> *Er hat die Gelegenheit, gute Musik zu hören.*
> Ele tem a oportunidade de ouvir boa música.

d) após o verbo **sein**, em frases que podem ser substituídas por um advérbio em português:

> *Es ist zu bedauern...*
> É de lamentar... / É lamentável...

> **OBSERVAÇÃO**
>
> Note que a vírgula não é usada quando o verbo no infinitivo aparece sem complemento. Quando o infinitivo é acompanhado de complementos, podemos usar a vírgula quando ela facilitar a compreensão, mas seu uso é facultativo, de acordo com as normas da nova ortografia. Compare:
>
> *Ich versuchte zu lesen.*
> Tentei ler.
>
> *Ich versuchte(,) eine Zeitung zu lesen.*
> Tentei ler um jornal.

- sem **zu**, o infinitivo é usado após:

a) **verbos modais:**

> *Wir müssen das Haus verlassen.*
> Temos de abandonar a casa.

(Veja: **verbos modais**.)

b) **heißen:**

> *Das heißt er pünktlich sein.*
> Ele chama isso de ser pontual.

c) **bleiben:**

> *Bleib stehen!*
> Fique de pé!

VI - Die Verben/Os Verbos

d) **gehen:**

> *Wir gehen einkaufen.*
> Vamos fazer compras.

e) **lassen:**

> *Er ließ uns warten.*
> Ele nos deixou esperando.

f) verbos de percepção: **hören, sehen:**

> *Ich hörte ihn kommen.*
> Eu o ouvi chegar.

> *Wir haben sie ausgehen sehen.* (*)
> Nós a vimos sair.

(*) É importante notar que, nesse caso, os verbos **lassen, hören** e **sehen** formam o **Perfekt** com o seu infinitivo e não com o **Partizip II**. Veja outros exemplos:

Präsens: *Wir hören sie sprechen.*
Perfekt: *Wir **haben** sie sprechen **hören**.*

Präsens: *Sie lässt uns kommen.*
Perfekt: *Sie **hat** uns kommen **lassen**.*

OBSERVAÇÃO

Verbos de percepção também podem ser seguidos por uma oração subordinada começando com **wie** ou **dass**, especialmente se a sentença for longa ou composta:

> *Er sah, wie sie langsam durch das Zimmer kroch.*
> Ele viu como ela se arrastava vagarosamente pela sala.

- o infinitivo pode ser usado como imperativo:

    Einsteigen! Embarcar!

- o infinitivo pode ser usado como um substantivo ao ser escrito com letra maiúscula. Seu gênero é sempre o neutro:

    *Ich habe das **Rauchen** aufgegeben.*
    Parei de fumar.

O infinitivo usado com verbos modais

- um infinitivo usado com verbos modais ocupa o último lugar na frase. Exemplo:

    *Wir müssen die Arbeit **machen**.*
    Temos de fazer o trabalho.

- se o verbo modal estiver num tempo composto, seu auxiliar ocupará o segundo lugar na oração, e o modal – que também estará no infinitivo – virá após o infinitivo, ocupando o último lugar da oração:

    *Ich habe das Buch gestern bringen **können**.*
    Pude trazer o livro ontem.

Mas, em uma oração subordinada, o auxiliar precede o infinitivo e o modal, em vez de vir no final:

   *Da ich gestern **habe** einkaufen müssen, durfte ich nicht kommen.*
   Como tive de fazer compras ontem, não pude vir.

VI - Die Verben/Os Verbos

> **OBSERVAÇÃO**
>
> Raramente o verbo modal é usado em um tempo composto na linguagem coloquial. Nesse caso, por exemplo, o **Perfekt** seria substituído pelo **Präteritum** do modal:
>
> *Da ich gestern einkaufen **musste**, durfte ich nicht kommen.*
> Como precisei fazer compras ontem, não pude vir.

- um infinitivo que expresse mudança de lugar pode ser omitido após um verbo modal, desde que haja um adjunto adverbial ou um advérbio com a ideia de movimento:

> *Wir möchten jetzt nach Hause (gehen).*
> Gostaríamos de ir para casa agora.

(Veja: **verbos modais**.)

Formação de orações infinitivas com:

zu:
> *Ich habe vergessen, das Buch **zu** lesen.*
> Esqueci-me de ler o livro.

ohne... zu:
> *Ich bin ins Kino gegangen, **ohne** meine Mutter **zu** benachrichtigen*
> Fui ao cinema sem avisar minha mãe

um... zu:

>*Wir essen, **um zu** leben.*
>Comemos para viver.

(an)statt... zu:

>*Er ist ins Kino gegangen, **(an)statt** seine Hausarbeit **zu** machen.*
>Ele foi ao cinema em vez de fazer sua lição de casa.

- o infinitivo vem no fim da oração infinitiva:

>*Es ist verboten, hier **zu** rauchen.*
>É proibido fumar aqui.

- em verbos separáveis, **zu** é inserido entre o verbo e seu prefixo no infinitivo presente:

>*Er ist in die Stadt gefahren, um ein**zu**kaufen.*
>Ele foi à cidade para fazer compras.

- um pronome reflexivo vem primeiro, imediatamente após uma palavra introdutória, caso haja alguma:

>*Er ging sofort weg, ohne **sich** zu verabschieden.*
>Ele foi embora imediatamente, sem se despedir.

- quando o infinitivo forma uma locução verbal com um verbo modal como "querer fazer, poder fazer", o **zu** vem entre o verbo principal e o modal, que ocupa o último lugar na oração:

*Er ist zu Hause geblieben, um ruhig lesen **zu** können.*
Ele ficou em casa para poder ler sossegado.

Das Partizip I / O particípio presente

O particípio presente em alemão não é usado para formar locuções verbais. Expressa-se, na maioria das vezes, a mesma ideia na língua portuguesa com o uso de uma oração reduzida de gerúndio ou de uma oração subordinada adjetiva com pronome relativo: água fervente (ou seja, água que está fervendo), ***kochendes** Wasser*; homens trabalhando (ou seja, homens que estão trabalhando), ***arbeitende** Männer*.

- O particípio presente para todos os verbos é formado com a adição de **-d** à forma infinitiva:

    machen   fazer
    machend fazendo

- O particípio presente pode ser usado como um adjetivo e, como todos eles, é declinado se usado em função de atributo:

    *ein **spielendes** Kind*
    uma criança (que está) brincando

- O particípio presente também pode ser usado como um adjetivo substantivado. Exemplo: *die Reisenden* (os viajantes).

O particípio presente usado como atributo exprime uma ideia de ação exercida pelo substantivo ao qual se refere e pode ser substituído por uma oração subordinada adjetiva na voz ativa. Exemplo: Kannst du die im Garten **spielenden** Kinder sehen?

> *Kannst du die Kinder sehen, die im Garten spielen*?
> Você consegue ver as crianças que estão brincando no jardim?

Das Partizip II / O particípio passado

O particípio passado, como já vimos, é amplamente utilizado na língua alemã para formar os tempos compostos da voz ativa e os tempos da voz passiva, de modo semelhante ao que ocorre em português:

> *Wir hatten die Haustür geöffnet, als...*
> Nós tínhamos aberto a porta de casa, quando...

> *Er ist ins Krankenhaus gebracht worden.*
> Ele foi levado ao hospital.

O particípio passado é formado da seguinte maneira:

- verbos fracos adicionam o prefixo **ge-** e o sufixo **-t** ao radical do verbo: *machen - gemacht* (fazer - feito).

VI - Die Verben/Os Verbos

- verbos fracos que terminam em **-ieren** ou **-eien** (verbos de origem latina) omitem o **ge-**: *studieren - studiert* (estudar - estudado); *prophezeien - prophezeit* (profetizar - profetizado).

- verbos fortes adicionam o prefixo **ge-** e o sufixo **-en** ao radical do verbo. A vogal do radical pode sofrer uma modificação (veja: **lista de verbos fortes e mistos**): *laufen - gelaufen* (correr - corrido); *singen - gesungen* (cantar - cantado).

- verbos mistos adicionam o prefixo **ge-** e o sufixo "fraco" **-t** ao radical. A vogal do radical modifica-se, como nos verbos fortes: *senden - gesandt* (enviar - enviado); *bringen - gebracht* (trazer - trazido).

- o particípio passado dos verbos com partículas separáveis segue as regras acima, e o **ge-** fica entre a partícula e o radical do verbo: *einkaufen - eingekauft* (comprar - comprado); *mitfahren - mitgefahren* (ir junto - ido junto) (veja: **partículas separáveis**).

- verbos com partículas inseparáveis ou duplas formam o particípio passado sem o **ge-**: *verkaufen - verkauft* (vender - vendido); *entfliehen - entflohen* (fugir - fugido).

Muitos particípios passados também podem ser usados como adjetivos e adjetivos substantivados:

    *ein **gebrauchtes** Buch*   um livro usado
    *der **Verletzte***   o ferido

O particípio passado usado como atributo exprime uma ideia de ação sofrida pelo substantivo ao qual se refere e pode ser substituído por uma oração na voz passiva:

> *Bring mir die **geschälten** Kartoffeln, bitte!*
> Traga-me, por favor, as batatas descascadas.
>
> *Bring mir die Kartoffeln, **die geschält worden sind**.*
> Traga-me as batatas que foram descascadas.

Die Modalverben / Os verbos modais

Os verbos modais são usados para modificar outros verbos (para mostrar, por exemplo, possibilidade, habilidade, desejo, permissão, necessidade), como em português: ele sabe nadar; eu quero beber leite.

> Os verbos modais na língua alemã são: ***dürfen, können, mögen, müssen, sollen*** e ***wollen***.

Os verbos modais possuem algumas diferenças importantes em seu uso e em sua conjugação com relação aos outros verbos, como veremos adiante. Eles pedem como complemento um verbo no infinitivo **sem "zu".**

Os modais possuem os seguintes significados:

dürfen - significa "ter permissão", "poder"; usado na negativa, significa: "ser proibido", "não dever". Serve também para mostrar possibilidade e é também utilizado em algumas expressões polidas.

VI - Die Verben/Os Verbos

Permissão:

> *Du **darfst** ins Kino gehen.*
> Você pode ir ao cinema, eu deixo.

Proibição:

> *Hier **darf** man nicht rauchen.*
> É proibido fumar aqui.

Pedido:

> ***Darf** ich eintreten?*
> Posso entrar?

Suposição, previsão, possibilidade:

> *Es **dürften** 200 Personen in der Party sein.*
> Deveria haver umas 200 pessoas na festa.

können - significa "ser capaz de", "poder", "saber". Em suas formas subjuntivas, é usado como alternativa informal para **dürfen**, com o significado de ter permissão. É usado também para mostrar possibilidade.

Capacidade, habilidade:

> *Ich **konnte** es nicht machen.*
> Não consegui fazer isso.

> *Er **kann** sehr gut schwimmen.*
> Ele sabe nadar muito bem.

Permissão:

> *Kann ich hier schlafen?*
> Posso dormir aqui?

Suposição, possibilidade:

> *Andreas kann heute abend kommen.*
> Andreas pode vir hoje à noite. (É possível que ele venha.)

> *Wer könnte es sein?*
> Quem poderia ser?

Compare o uso de **können** e **dürfen** expressando possibilidade:

> *Du darfst das nicht gemacht haben!*
> Você não podia ter feito isso!

> *Du kannst das nicht gemacht haben!*
> Você não pode ter feito isso!

A tradução pode ser a mesma, mas, no primeiro caso, o uso de **dürfen** expressa uma grande decepção por parte do falante, diante de um fato do qual ele não duvida. Usando **können**, há dúvida: o falante não crê na possibilidade de o fato ter ocorrido.

mögen - significa "gostar (de)". É utilizado mais comumente em sua forma do **Konjunktiv II**, que expressa polidez em um pedido ou pergunta. Pode também ser utilizado para mostrar possibilidade ou probabilidade.

VI - Die Verben/Os Verbos

Preferência:

> ***Magst** du Milch?*
> Você gosta de leite?

Polidez, perguntando por desejo:

> ***Möchten** Sie ein Glas Bier trinken?*
> O senhor gostaria de tomar um copo de cerveja?

Suposição:

> *Er **mag** 15 Jahre alt sein.*
> Calculo que ele tenha uns 15 anos.

müssen - significa "ter de", "precisar", "dever". Pode também expressar uma suposição (certeza). Aparece em algumas expressões idiomáticas.

Necessidade, obrigação:

> *Ich **muss** arbeiten.*
> Tenho de trabalhar.

> ***Muss** das sein?*
> Isso é realmente necessário?

Suposição, certeza:

> *Das **muss** Herr Braun sein.*
> Aquele deve ser o Sr. Braun.

Exigência, ordem:

> *Du **musst** jetzt dein Zimmer aufräumen!*
> Agora você tem de arrumar (pôr em ordem) seu quarto!

O modal **müssen** usado na negativa significa que uma coisa não é obrigatória; não é nem dever nem necessidade:

> *Das musst du nicht machen!*
> Você não tem necessidade de fazer isso.
> (não é necessário)

OBSERVAÇÃO

Quando há ausência ou negação de uma obrigação ou necessidade, esta também pode ser expressa pelo verbo **brauchen** usado na negativa. Este é sempre seguido de infinitivo com **zu**:

> *Das **brauchst** du nicht **zu** machen.*
> Você não precisa fazer isso.

---

sollen - "dever(ia)"; "ter de" (quando a ordem não é imposta, dever moral); "dever ser" (suposição); como um comando, direto ou indireto. Pode ainda exprimir uma indecisão por parte do sujeito, uma necessidade de aconselhamento.

Dever moral:

> *Wir **sollen** immer die Wahrheit sagen.*
> Devemos sempre dizer a verdade.

Comando:

> *Du **solltest** ihm helfen.*
> Você deveria ajudá-lo.

Suposição:

> *Er **soll** sehr reich sein.*
> Dizem que ele é muito rico.

Indecisão:

> *Ich weiß nicht, an wen ich mich wenden **soll**.*
> Não sei a quem devo me dirigir.

Conselho:

> ***Soll** ich das machen?*
> Devo fazer isso?

Usado no **Konjunktiv II**, expressa uma recomendação:

> *Der Arzt sagt, er **sollte** nicht so viel rauchen.*
> O médico diz que ele não deveria fumar tanto.

A forma negativa, **nicht sollen**, indica uma ordem ou instrução, um desejo ou um conselho na negativa.

wollen - "querer": usado como uma versão menos formal de **mögen** para significar desejo; pretender; mostrar intenção prévia para alegar algo. Pode também expressar uma forte dúvida do falante em relação a algum fato.

Desejo:

> *Er **will** Arzt werden.*
> Ele quer se tornar (um) médico.
>
> ***Willst** du ein Eis?*
> Você quer um sorvete?

Dúvida do falante:

> *Andreas: Anne **will** dich im Kino gesehen haben.*
> Andreas: Anne afirma ter visto você no cinema (mas eu duvido!)

Intenção:

> *Ich **wollte** dich gerade anrufen.*
> Eu ia telefonar para você agora mesmo.

Compare o uso de **sollen** e **wollen**:

> *Der Chef **will** der Sekretärin kündigen.*
> O chefe quer demitir a secretária.

A essa frase corresponderia uma outra, na voz passiva, com o verbo modal **sollen**:

> *Der Sekretärin soll gekündigt werden.*
> Querem demitir a secretária.

Conjugação dos modais

- Os modais formam o presente do indicativo de maneira diferente. A primeira e a terceira pessoas do singular são iguais, não recebendo terminação. Veja suas partes principais na lista de verbos fortes e mistos.

Dürfen	*Können*
ich/er/sie/es darf	ich/er/sie/es kann
du darfst	du kannst
wir/sie/Sie dürfen	wir/sie/Sie können
ihr dürft	ihr könnt

VI - Die Verben/Os Verbos

Mögen
ich/er/sie/es mag
du magst
wir/sie/Sie mögen
ihr mögt

Müssen
ich/er/sie/es muss
du musst
wir/sie/Sie müssen
ihr müsst

Sollen
ich/er/sie/es soll
du sollst
wir/sie/Sie sollen
ihr sollt

Wollen
ich/er/sie/es will
du willst
wir/sie/Sie wollen
ihr wollt

- Cada verbo modal tem duas formas para os tempos compostos. Na primeira, que é a mais comum, quando o modal está modificando outro verbo, o infinitivo do modal é usado no lugar usualmente ocupado pelo particípio:

    *Er hat das machen **können**.*
    Ele pôde fazer isso.

Essa forma composta é raramente usada, sendo, de preferência, substituída pelo **Präteritum**:

    *Er **konnte** das machen.*

- O segundo se parece com um particípio passado de um verbo fraco e é usado apenas quando nenhum outro verbo está sofrendo modificação:

    Ich habe es gewollt.
    Eu quis isso.

(Veja: **lista de verbos fortes e mistos**.)

- O verbo modificado pelo modal é usado em sua forma infinitiva no final da oração:

    Er kann gut lesen.
    Ele sabe ler bem.

- Se o verbo modal está modificando um verbo e se está sendo usado em um tempo composto de uma oração subordinada, não se aplica a ordem normal para orações subordinadas (veja: **orações subordinadas**). O auxiliar usado para formar o tempo composto do modal não é colocado no final da frase, mas antes dos dois infinitivos. Como já mencionamos, tais construções geralmente podem ser evitadas em alemão, usando-se um tempo simples. Compare:

    Obwohl er das Buch gelesen hat...
    Embora ele tenha lido o livro...

    Obwohl er das Buch hat lesen wollen...
    Embora ele tenha desejado ler o livro...

Prefira:

    Obwohl er das Buch lesen wollte...
    Embora ele quisesse ler o livro...

Reflexivverben / Verbos reflexivos

O termo reflexivo se refere a uma ação que retorna ao sujeito: ela se lava.

Os verbos reflexivos em alemão vêm precedidos no infinitivo pelo pronome reflexivo **sich**.

VI - Die Verben/Os Verbos

Os verbos reflexivos são compostos pelo verbo acompanhado de um pronome reflexivo (veja: **pronomes reflexivos**). Esse pronome pode tanto ser um objeto direto (e portanto estar no caso acusativo) quanto um objeto indireto (caso dativo). Exemplos:

sich erinnern	*sich erlauben*
(lembrar-se)	(permitir-se)
(com acusativo)	(com dativo)
ich erinnere mich	*ich erlaube mir*
du erinnerst dich	*du erlaubst dir*
er, sie, es erinnert sich	*er, sie, es erlaubt sich*
wir erinnern uns	*wir erlauben uns*
ihr erinnert euch	*ihr erlaubt euch*
sie/Sie erinnern sich	*sie/Sie erlauben sich*

OBSERVAÇÃO

Muitos verbos que não são essencialmente reflexivos podem se tornar reflexivos pela adição do pronome reflexivo. Exemplos: *etwas melden* (comunicar alguma coisa), *sich melden* (apresentar-se).

Quando um verbo com um objeto indireto se torna reflexivo, geralmente o pronome está no dativo. Exemplo: *weh tun, **sich** weh tun* (doer, machucar-se):

*Hast du **dir** weh getan?*
Você se machucou?

*Ich kaufte **ihr** einen Mantel.*
Comprei-lhe um casaco.

*Ich kaufte **mir** einen Mantel.*
Comprei um casaco para mim.

Um pronome reflexivo acusativo será usado no dativo, se houver outro acusativo (objeto direto) na frase. Exemplos:

a) reflexivo no acusativo:

*Ich wasche **mich**.*
Eu me lavo.

b) reflexivo no dativo:

*Ich wasche **mir** die Hände.*
Lavo minhas mãos. (Lavo-me as mãos.)

Em uma oração principal, o pronome reflexivo vem após o verbo:

*Er wird **sich** dafür interessieren.*
Ele vai se interessar por isso.

Após inversão, ou em uma oração subordinada, o pronome reflexivo deve vir após o sujeito, se o sujeito for um pronome pessoal. Exemplo:

*Dafür wird er **sich** interessieren.*
*Ich frage mich, ob er **sich** dafür interessieren wird.*
Eu me pergunto se ele vai se interessar por isso.

VI - Die Verben/Os Verbos

Lista de verbos reflexivos

Alguns exemplos de verbos que podem ser usados com um pronome reflexivo no caso acusativo:

sich anziehen (vestir-se)
sich aufregen (excitar-se)
sich beeilen (apressar-se)
sich beschäftigen mit (ocupar-se com)
sich bewerben um (inscrever-se para)
sich erinnern an (lembrar-se de)
sich freuen auf (alegrar-se com)
sich interessieren für (interessar-se por)
sich irren (enganar-se)
sich melden (anunciar-se, apresentar-se)
sich rasieren (barbear-se)
sich (hin)setzen (sentar-se)
sich trauen (atrever-se)
sich umsehen (informar-se, olhar ao redor)

Alguns exemplos de verbos que podem ser usados com um pronome reflexivo no caso dativo:

sich abgewöhnen (desacostumar-se)
sich aneignen (apropriar-se)
sich ansehen (assistir)
sich einbilden (gabar-se)
sich erlauben (permitir-se, tomar a liberdade)
sich leisten (permitir-se, dar-se o luxo)
sich nähern (aproximar-se)
sich vornehmen (propor-se, pretender)
sich vorstellen (imaginar)
sich wünschen (desejar)

> **OBSERVAÇÃO**
>
> O verbo **trauen**, quando não é reflexivo, é usado com o dativo e significa "confiar", "acreditar" (veja: **verbos seguidos de preposição**).

Verbos com prefixos

Muitos verbos em alemão começam com um prefixo anexado ao radical. Exemplos:

> *zu + machen = zumachen*
> *an + ziehen = anziehen*

- Frequentemente a adição de um prefixo muda o significado do verbo original. Exemplos:

    kommen = vir
    ankommen = chegar
    bekommen = receber

- Os prefixos podem ser encontrados tanto em verbos fortes quanto em fracos ou mistos. A adição de um prefixo pode eventualmente alterar a conjugação de um verbo. Exemplos:

verbo fraco		verbo forte	
suchen	procurar	***stehen***	ficar de pé
versuchen	tentar	***verstehen***	entender
besuchen	visitar	***aufstehen***	levantar

Exceção:

verbo fraco	verbo forte
fehlen faltar	*empfehlen* recomendar

- Há quatro tipos de prefixos, e cada um tem suas características próprias, como veremos a seguir. Os prefixos podem ser:

inseparáveis:

> *verkaufen* (vender)
> *er verkauft, er verkaufte, er hat verkauft*

separáveis:

> *mitbringen* (trazer consigo)
> *er bringt mit, er brachte mit, er hat mitgebracht*

duplos:

> *ausverkaufen* (vender tudo)
> *er verkauft aus, er verkaufte aus, er hat ausverkauft*

variáveis, isto é, separáveis ou inseparáveis, dependendo do verbo:

> *wiederholen* (repetir)
> *er wiederholt, er wiederholte, er hat wiederholt*
> *wiederholen* (trazer de volta, recuperar)
> er holt... *wieder*, er holte... *wieder*, er hat... *wieder*geholt

Prefixos inseparáveis

Os prefixos inseparáveis são:

be-	emp-
ge-	ent-
er-	miss-
ver-	zer-

Alguns exemplos: *bekommen* (receber), *erfinden* (inventar), *missachten* (desprezar), *zerbrechen* (despedaçar).

- existem apenas como prefixos, não sendo palavras propriamente ditas;

- nunca se separam do radical do verbo, seja qual for o tempo usado.

Exemplos:

verlieren (perder)
Er verliert keine Zeit. (Präsens)
Ele não perde tempo.

Der Patient verlor viel Blut. (Präteritum)
O paciente perdeu muito sangue.

Sie hat ihren Mann verloren. (Perfekt)
Ela perdeu o marido.

Verlier(e) deine Geduld nicht! (Imperativ)
Não perca a paciência!

VI - Die Verben/Os Verbos

- os prefixos inseparáveis são sempre átonos.

Exemplos:

*ent**fernen*** (afastar), *ge**fallen*** (agradar).

- não recebem **ge-** na formação do particípio passado (veja: **particípio passado**).

Compare:

*Er hat das Buch be**schrieben**.*
Ele descreveu o livro.

*Er hat das Buch **geschrieben**.*
Ele escreveu o livro.

O prefixo be-

O prefixo **be-** torna um verbo transitivo, ou seja, ele será usado com um acusativo. Compare:

*Herr Meyer **antwortete** mit "Ja".*
O Sr. Mayer respondeu com um "sim".

*Er **beantwortete** die Frage.*
Ele respondeu à pergunta.

*Er **wohnt** in diesem Apartment.*
Ele mora neste apartamento.

*Er **bewohnt** dieses Apartment.*
Ele habita este apartamento.

Há também certa intensificação do significado do verbo com o uso do prefixo **be-**. *Beantworten*, por exemplo, significa responder minuciosamente, com detalhes, fato que não se expressa com a forma sem prefixo, *antworten*.

O prefixo ent-

O prefixo **ent-** pode significar que algo foi retirado, ou libertado de algo:

> *entfetten* = retirar a gordura
> *enthüllen* = descobrir ("retirar a cobertura")

Pode indicar um movimento ou ação de afastamento a partir de um ponto:

> *entfliehen* = fugir (na direção contrária)
> *entfernen* = distanciar

O prefixo er-

O prefixo **er-** pode significar:

a) que alguma coisa se torna um pouco diferente, assume determinada característica:

> *erblassen* = empalidecer
> *erkranken* = adoecer

b) que alguém, por meio de um processo ou questionamento, atinge determinado resultado:

> *erforschen* = investigar, pesquisar
> *ermorden* = assassinar

c) que um processo está se iniciando, que algo começa a mostrar certa reação (geralmente, os verbos assim formados pertencem à linguagem escrita):

> *beben* = tremer
> *erbeben* = começar a tremer

O prefixo ge-

É muito mais usado na formação de substantivos derivados de verbos do que na formação de verbos. Quando aparece em verbos, significa início ou final de uma ação e, na maioria das vezes, serve para enfatizar um sentido:

gebieten = ordenar
gewähren = conceder, permitir

O prefixo miss-

Expressa o contrário da ação mencionada:

misstrauen = desconfiar
missverstehen = compreender mal, equivocar-se

O prefixo ver-

a) pode expressar um equívoco, um erro:

hören = ouvir; *sich verhören* = ouvir errado

b) pode formar verbos a partir de adjetivos, casos em que significa "fazer" ou "tornar-se" o que o adjetivo expressa:

besser machen = *verbessern* (melhorar)
kleiner machen = *verkleinern* (diminuir)
alt werden = *veralten* (tornar fora de moda, velho)

O prefixo zer-

Expressa destruição, separação, dissolução:

zerbrechen = espatifar-se, estilhaçar
zerkleinern = triturar, picar

Prefixos separáveis

Os mais comuns são:

ab	empor	herbei	hinauf	nieder
an	entgegen	herein	hinaus	vor
auf	fest	herüber	hindurch	vorbei
aus	frei	herum	hinein	vorüber
bei	her	herunter	hinüber	weg
da(r)	herab	hervor	hinunter	zu
davon	heran	hierher	los	zurecht
dazu	herauf	hin	mit	zurück
ein	heraus	hinab	nach	zusammen

O particípio passado de um verbo com prefixo separável é formado com a adição de **-ge-** entre o prefixo e o verbo:

hervorgehen - hervorgegangen (resultar - resultado)

Em orações principais, o prefixo é colocado no fim da oração se o verbo estiver em um tempo simples (presente, imperfeito ou imperativo):

*Er macht die Tür **auf**.*
Ele abre a porta.

Em vários tempos que utilizam o particípio, o prefixo fica junto ao verbo e o todo é colocado no final da oração:

*Er hat meinen Vater **zusammengebracht**.*
Ele levou meu pai junto.

VI - Die Verben/Os Verbos

Quando uma construção infinitiva requer o uso de **zu**, este é colocado entre o prefixo e o infinitivo, formando uma só palavra:

Sie hat mich eingeladen, ins Kino mitzugehen.
Ela me convidou para ir junto ao cinema.

Diferentemente dos prefixos inseparáveis, os prefixos separáveis são, por vezes, palavras autônomas. Substantivos, adjetivos, advérbios e até mesmo outros verbos muitas vezes são usados como prefixos separáveis. Eles passam para os verbos que formam o sentido expresso por eles como palavras autônomas.

Exemplo:

teilnehmen (substantivo + verbo) - participar, tomar parte.
Er nimmt teil. Er nahm teil. Er hat teilgenommen.

OBSERVAÇÃO

Com a nova reforma ortográfica, muitos casos de verbos antes formados dessa maneira passaram a ser locuções verbais. Exemplo:

kennen lernen (verbo + verbo) - ficar conhecendo, ("aprender" a conhecer)
Ich habe ihn kennen gelernt. (escrito separado!)

Prefixos variáveis

über	unter	durch	hinter
um	voll	wider	wieder

Podem ser:

a) inseparáveis:

    über**prüf**en   vistoriar

    Alle Personen sind überprüft worden.
    Todas as pessoas foram vistoriadas.

b) separáveis:

    ***über**gehen*   passar para

    Das Geschäft ist auf den Sohn übergegangen.
    A loja passou para o filho.

Muitas vezes são usados como separáveis ou inseparáveis com um mesmo verbo original. Nesses casos, o verbo e o prefixo tendem a manter seu significado básico, quando o prefixo é separável, e recebem um significado figurado, quando o prefixo é inseparável. Exemplo: *wiederholen* (separável, buscar de novo / recuperar):

    Sie holte ihre Tasche wieder.
    Ela buscou novamente sua bolsa.

    *wieder**holen***   (inseparável, repetir)
    Sie wiederholte den Satz.
    Ela repetiu a frase.

VI - Die Verben/Os Verbos

Os prefixos variáveis comportam-se como prefixos separáveis ou como prefixos inseparáveis, dependendo de seu uso.

> Para reconhecer o tipo de prefixo pelo dicionário, fique atento à sílaba tônica do verbo em questão: um prefixo inseparável é átono, enquanto os separáveis são tônicos.

Prefixos duplos

Ocorrem:

a) quando um verbo com um prefixo inseparável vem precedido de um prefixo separável. Exemplo: **nach**erzählen (reproduzir uma história, narrar):

> *er erzählt nach, er erzählte nach, er hat ... nacherzählt*

- O prefixo separável é usado como o descrito anteriormente, e o verbo mais o prefixo inseparável representam o verbo básico ao qual o prefixo separável é adicionado.

- Diferentemente dos verbos separáveis, entretanto, os verbos desse tipo **não** recebem o **ge-** no seu particípio passado. Exemplo:

ausverkaufen (aus + ver + kaufen = liquidar)
Wir verkaufen alles aus.
Estamos liquidando tudo.

Wir haben alles ausverkauft.
Liquidamos tudo.

wiedereröffnen (reinaugurar)
Das Geschäft wird nächste Woche wiedereröffnet.
A loja será reinaugurada (reaberta) na próxima semana.

b) com o caso inverso: quando após um prefixo inseparável vem um separável. Nesse caso, o verbo segue as mesmas regras daqueles que possuem apenas um prefixo inseparável. Exemplo:

beantragen (be + an + tragen = requerer, solicitar)
*Hast du schon eine Arbeitserlaubnis **beantragt**?*
Você já solicitou uma permissão para trabalhar?

Präpositionalergänzung / Verbos seguidos de preposição

- Alguns verbos em alemão são usados sempre acompanhados de uma preposição, recebendo nesses casos um significado específico.

VI - Die Verben/Os Verbos

- A preposição usada pode alterar consideravelmente o significado de um verbo. Exemplos:

    bestehen (sair vitorioso)
    Er hat die Prüfung bestanden.
    Ele passou na prova.

    *bestehen **auf*** (insistir em)
    Wir bestehen auf unserem Recht.
    Insistimos em nosso direito.

    *bestehen **aus*** (consistir em)
    Der Roman besteht aus zwanzig Kapiteln.
    O romance consiste em vinte capítulos.

- Pode acontecer de um verbo usar preposição em alemão e não em português e vice-versa. A regência também pode ser diferente:

    *Ich bitte **dich um** Hilfe.*
    Peço-lhe ajuda.

Nesse caso, enquanto em português se usam um objeto indireto de pessoa e um objeto direto de coisa, em alemão usa-se o caso acusativo para a pessoa, e a coisa é regida pela preposição **um** seguida de acusativo:

    *Sie fragt **den** Bruder.*
    Ela pergunta ao irmão.

O verbo *perguntar* é transitivo indireto em português, enquanto em alemão exige-se um complemento no acusativo.

- Preposições usadas com verbos comportam-se como qualquer preposição normal e determinam o **caso** do substantivo que as segue.

- Um verbo preposicionado pode não ser seguido por um substantivo ou pronome, mas sim por uma oração.

Podem ocorrer duas situações:

a) quando a construção com o verbo preposicionado tem o mesmo sujeito que o verbo da oração seguinte, a preposição é precedida por **da-** ou **dar-** e o verbo que se segue estará no infinitivo precedido por **zu**:

> *Ich freue mich sehr **darauf**, dich morgen **zu** besuchen.*
> Estou muito contente em visitá-lo amanhã.

b) quando o sujeito do verbo preposicionado não é o mesmo, usa-se uma oração com **dass**.

> *Ich freue mich sehr darauf, **dass** du mich morgen besuchst.*
> Estou muito contente que você venha me visitar amanhã.

- Essas orações podem também ser introduzidas por interrogativos (**ob, wie, wann**) se o significado assim o exigir:

> *Es hängt davon ab, **ob** du Geld genug hast.*
> Depende se você tem ou não dinheiro suficiente.

Verbos seguidos de preposição que regem acusativo

achten auf	prestar atenção a
sich amüsieren über	divertir-se com
sich ärgern über	aborrecer-se com
sich bewerben um	candidatar-se a
bitten um	pedir, solicitar
denken an	pensar em
denken über	refletir sobre
sich erinnern an	lembrar-se de
sich freuen auf	alegrar-se com (algo que está por acontecer)
sich freuen über	alegrar-se com (algo já acontecido ou acontecendo)
sich gewöhnen an	acostumar-se a
sich interessieren für	interessar-se por
kämpfen um	lutar por
sich kümmern um	tratar de, interessar-se por
nachdenken über	ponderar, refletir sobre
sich unterhalten über	conversar sobre
sich verlassen auf	contar com, confiar em
warten auf	esperar por

Alguns exemplos:

Ich freute mich sehr über deinen Brief.
Fiquei muito feliz (alegrei-me muito) com a sua carta.

Er wartet auf ein Taxi.
Ele está esperando um táxi.

Verbos seguidos de preposição que regem dativo

abhängen von	depender de
sich beschäftigen mit	ocupar-se de
bestehen aus	consistir em
leiden an/unter	sofrer de
neigen zu	estar inclinado a
riechen nach	cheirar a
schmecken nach	ter gosto de
sich sehnen nach	ansiar por, ter saudade de
sterben an	morrer de
teilnehmen an	tomar parte em
träumen von	sonhar com
sich verabschieden von	despedir-se de
sich verstehen mit	entender-se com
zittern vor	tremer de

Alguns exemplos:

Die Kindern hängen von ihrem Vater ab.
Os filhos dependem do pai.

Wir werden an der Sitzung teilnehmen.
Nós participaremos (tomaremos parte) da reunião.

Verbos de regência dupla

Na língua portuguesa existem alguns verbos que possuem dupla regência, isto é, têm um objeto direto e um indireto. Em alemão, fato semelhante também ocorre: há verbos que pedem um acusativo e um dativo. O verbo **geben**, por exemplo, tem a mesma regência que seu correspondente

VI - Die Verben/Os Verbos

em português, o verbo "dar". Na oração "ela me deu um automóvel", o me (= a mim) é o objeto indireto e estaria no dativo em alemão, enquanto um automóvel, o objeto direto, estaria no acusativo.

Em alemão, como em português, geralmente esse tipo de verbo se refere a dar ou contar alguma coisa a alguém ou a praticar uma ação para alguém.

Normalmente o complemento acusativo vem após o dativo, exceto quando o acusativo é expresso por um pronome pessoal. Essa ordem pode ser alterada quando se pretende dar ênfase a um ou a outro.

(Veja mais a esse respeito no capítulo referente à **ordem fraseológica**.)

Alguns exemplos de verbos desse tipo seguidos de dativo:

anbieten	oferecer
bringen	trazer
beweisen	provar
erzählen	contar
geben	dar
gönnen	não invejar
kaufen	comprar
leihen	emprestar
mitteilen	comunicar
schenken	presentear
schicken	enviar
schulden	dever

schreiben	escrever
verkaufen	vender
zeigen	mostrar

Alguns exemplos:

Ich habe ihm einen neuen Mantel gekauft.
Comprei um novo casaco para ele.

Er schuldet mir viel Geld.
Ele me deve muito dinheiro.

Verbos seguidos de dativo

Certos verbos em alemão são seguidos apenas por um complemento no dativo. Devemos prestar atenção especial a eles, visto que muitos têm regência diferente em português:

begegnen	encontrar por acaso
danken	agradecer
fehlen	fazer falta
gefallen	agradar
gehören	pertencer
gelingen	conseguir
gleichen	assemelhar-se a
gratulieren	felicitar
helfen	ajudar
imponieren	impressionar
misstrauen	desconfiar
nachgehen	seguir, perseguir
schaden	prejudicar
schmecken	apetecer

schmeicheln	bajular
trauen	confiar
trotzen	resistir
weh tun	doer
widersprechen	contradizer
widerstehen	resistir

Alguns exemplos:

Er misstraute ihrem Versprechen.
Ele desconfiou de sua promessa.

Der Junge trozte allen seinen Gegnern.
O rapaz resisitiu a todos os seus oponentes.

Der Kopf tut mir weh.
Minha cabeça está doendo.

O uso do "es" para antecipar a frase seguinte

Muitos verbos têm como complemento uma oração com **dass** ou com um infinitivo precedido por **zu**.

- Com alguns verbos, **es** é usado para antecipar essas orações:

    ***Es** freut mich, dass du gekommen bist.*
    Fico satisfeito que você tenha vindo.

- Quando a oração subordinada começa o período, não se usa o **es**, mas seu lugar pode ser ocupado por um **das** opcional:

> *Dass es nicht lange dauern würde, **das** haben wir ihm verschwiegen.*

ou:

> *Dass es nicht lange dauern würde, haben wir ihm verschwiegen.*
> Não contamos a ele que aquilo não ia durar muito.

Verbos de uso comum que geralmente são utilizados com "es"

> *es ablehnen, zu* - recusar-se a
> *es aushalten, zu tun/dass* - aguentar fazer
> *es ertragen, zu tun/dass* - suportar fazer
> *es leicht haben, zu* - achar fácil (fazer)
> *es nötig haben, zu* - precisar (fazer)
> *es satt haben, zu* - estar cansado de (fazer)
> *es verstehen, zu* - saber como

Alguns exemplos:

> *Er hat es nicht nötig, in die Stadt zu fahren.*
> Ele não acha necessário ir à cidade.

> *Ich kann es nicht ertragen, dass du immer so schmutzig bist.*
> Não consigo suportar essa sua sujeira.

VI - Die Verben/Os Verbos

Verbos de uso comum que frequentemente são utilizados com "es"

>*es jemandem anhören/ansehen, dass* - falar de/ouvir/ver alguém que
>*es begreifen, dass/warum/wie* - compreender que/por que/como
>*es bereuen, zu tun/dass* - arrepender-se de ter feito
>*es leugnen, dass* - negar que
>*es unternehmen, zu* - empreender
>*es jemandem verbieten, zu* - proibir alguém de
>*es jemandem vergeben, dass* - perdoar a alguém por (fazer)
>*es jemandem verschweigen, dass* - ocultar de alguém que
>*es jemandem verzeihen, dass* - perdoar a alguém por (fazer)
>*es wagen zu* - ousar

Alguns exemplos:

>*Ich verbiete es dir, zur Party zu gehen.*
>Proíbo você de ir à festa.

>*Sie wagte es nicht, ihn anzusprechen.*
>Ela não ousou (não teve coragem de) dirigir-lhe a palavra.

Verbos impessoais

Esses verbos são usados apenas na terceira pessoa do singular, geralmente com o sujeito **es**, forma neutra do pronome de terceira pessoa. Exemplo:

> *Es regnet.*
> Está chovendo (Chove).

- Verbos intransitivos (verbos sem objeto) geralmente tornam-se impessoais na voz passiva para descrever atividades de natureza geral. Exemplo:

> *Es wurde viel getanzt.*
> Dançou-se muito.

- Quando o verbo e o sujeito são invertidos, o **es** é omitido. Exemplo:

> *Am Samstag wird hier gearbeitet.*
> Aqui trabalha-se aos sábados.

- Verbos impessoais na passiva também podem ser usados como uma forma de imperativo. Exemplo:

> *Jetzt wird gearbeitet!*
> Agora é hora de trabalhar.

- Em certas expressões da voz ativa, o pronome impessoal **es** pode ser omitido. Nesse caso, um pronome com função

VI - Die Verben/Os Verbos

de complemento do verbo ou um advérbio inicia a frase. Exemplo:

> *Mir ist kalt.*
> Estou com frio.

A lista que se segue indica quando o **es** pode ser omitido desse modo.

Alguns verbos impessoais e expressões comuns:

es donnert	está trovejando
es fällt mir ein, dass/zu	lembrar-se, ocorrer
es fragt sich, ob	a questão é, a gente se pergunta se
es freut mich, dass/zu	alegra-me que
es friert	está frio
es gefällt mir	agrada-me
es geht mir gut/schlecht	estou bem/mal; estou indo bem/mal
es geht nicht	não dá
es geht um	trata-se de, é sobre
es gelingt mir, (zu)	consigo, dá certo
es geschieht	acontece
es gießt	está chovendo torrencialmente
es handelt sich um	trata-se de
es hängt davon ab	depende de
es hat keinen Zweck (zu)	não leva a nada
es interessiert mich, dass/zu	interessa-me
es ist mir egal (ob)	é-me indiferente (se)
es ist möglich, dass	é possível que

es ist nötig	é necessário
es ist mir, als ob	sinto como se
es ist mir gut/schlecht zumute	estou me sentindo bem/mal
es ist schade (dass)	pena que
es ist (mir) wichtig	é importante (para mim)
es ist mir warm/kalt	estou com calor/frio
es ist zu hoffen/ bedauern etc.	é de esperar/ lamentar
es klingelt	estão tocando a campainha
es klopft	estão batendo à porta
es kommt darauf an, (ob)	depende (se)
es kommt mir vor (als ob)	parece-me (como se)
es läutet	está soando, tocando (a campainha, o sino)
es liegt an	é devido a
es lohnt sich	vale a pena
es macht nichts	não tem importância
es passiert	acontece, ocorre
es regnet	está chovendo
es scheint mir, dass/als ob	parece-me que/como se
es schneit	está nevando
es stellt sich heraus, dass	verifica-se que
es stimmt (nicht), dass	(não) é verdade que
es tut mir leid (dass)	sinto muito
es wird mir schlecht	estou me sentindo enjoado

Alguns exemplos:

> *Ihm ist bestimmt was passiert.*
> Com certeza lhe aconteceu alguma coisa.

> *Mir wird schlecht.*
> Estou enjoado/a.

> *Es liegt daran, dass du nicht gekommen bist.*
> É porque você não veio.

> *Wie geht's denn? Mir geht's ganz gut.*
> Como vai? Vou muito bem.

Generalidades a respeito de verbos

acontecer: *geschehen, passieren, sich ereignen* ou *stattfinden?*

Geschehen, passieren (ambos formam o *Perfekt* com *sein*) e **sich ereignen** (*Perfekt* com *haben*) significam ocorrer, acontecer, ligados a fatos repentinos, geralmente de efeito negativo, desagradável, como um acidente. **Sich ereignen** é menos usado na linguagem falada:

> *Was ist geschehen (passiert)? Ein Kind wurde überfahren.*
> O que aconteceu? Uma criança foi atropelada.

Stattfinden refere-se a eventos sociais, significando acontecer no sentido de "ter lugar".

Morgen findet im Stadtpark ein Konzert statt.
Amanhã vai acontecer (ter lugar) um concerto no Parque Municipal.

atropelar: *anfahren* ou *überfahren*?

Ambos significam atropelar, mas **anfahren** é usado quando o veículo bate de lado e **überfahren,** quando o veículo passa por cima de alguém (ou de um animal).

buscar: *bringen, holen* ou *abholen*?

Tanto **bringen** quanto **holen** podem ser usados no sentido de buscar alguma coisa. Quando alguma coisa foi encomendada, ou alguém está aguardando, usa-se **abholen** (separável!):

Kannst du meine Tasche holen/bringen?
Você pode buscar/trazer minha bolsa?

Soll ich dich von der Schule abholen?
Você quer que eu vá buscá-lo/a na escola?

deixar: *lassen* ou *verlassen*?

O verbo **lassen** tem dois significados: um deles indica ação ordenada, mandada; o outro, ação admitida, permitida. Pode ser traduzido por **deixar** ou **mandar**:

Meine Mutter lässt mich nicht allein ins Kino gehen.
Minha mãe não me deixa ir sozinha ao cinema.

É usado sempre que o sujeito da frase não executar pessoalmente uma ação, mas sim uma outra pessoa, ao passo que em português nem sempre necessitamos explicitar esse fato: "consertei meu carro" não significa necessariamente que você mesmo o consertou; você pode ter mandado o mecânico consertá-lo. Em alemão, se foi o mecânico quem o consertou, a frase será: *ich habe mein Auto reparieren lassen*. Se você mesmo executou o conserto, a frase será: *ich (selbst) habe mein Auto repariert*.

O verbo **verlassen** significa deixar, abandonar um lugar ou pessoa:

> *Er verließ São Paulo, um in Santos zu wohnen.*
> Ele deixou São Paulo para morar em Santos.
>
> *Sie hat ihn wegen einem anderen Mann verlassen.*
> Ela o abandonou por causa de outro homem.

encontrar: *treffen* ou *begegnen*?

Treffen + acusativo significa encontrar alguém por acaso (nesse caso é sinônimo de **begegnen**) ou com encontro marcado:

> *Morgen treffen wir uns vor dem Kino.*
> Amanhã vamos nos encontrar na frente do cinema.
>
> *Ich habe ihn nach dem Unterricht getroffen.*
> Encontrei-o depois da aula.

Para reforçar a ideia de encontro não casual, pode-se usar a forma reflexiva com a preposição **mit** (regência: dativo):

Sie wird sich mit ihm in einem Restaurant treffen.
Ela vai se encontrar com ele em um restaurante.

Begegnen + dativo sempre significa encontrar alguém por acaso. O **Perfekt** é formado com **sein**:

Ich bin ihm auf der Straße begegnet.
Eu o encontrei na rua.

esperar: *warten, erwarten, abwarten* ou *hoffen*?

Warten significa esperar sem fazer outra coisa, a não ser aguardar que o tempo passe e algo se realize:

Ich warte auf ein Taxi.
Estou esperando um táxi (e não vou sair daqui até que apareça um).

Erwarten significa aguardar (por vezes com ansiedade) por alguma coisa que se sabe que vai acontecer:

Wie erwartet, war sein neuer Film ein Erfolg.
Como se esperava, seu novo filme foi um sucesso.

Sie erwartet ihr viertes Kind.
Ela está esperando seu quarto filho.

Abwarten significa aguardar, esperar com paciência por uma coisa que se decidirá no futuro:

Wir müssen abwarten, bis der Regen aufhört.
Devemos aguardar até que a chuva passe.

VI - Die Verben/Os Verbos

Hoffen significa esperar, ter esperança de que algo aconteça:

> *Ich hoffe, dass Anne morgen kommen kann.*
> Espero que Anne possa vir amanhã.

ficar: *bleiben* ou *liegen bleiben*?

Bleiben só pode ser usado no sentido de permanecer. Quando *ficar* significa ter sido esquecido em algum lugar, deve-se usar **liegen bleiben**:

> *Wir sind drei Tage in Paris geblieben.*
> Ficamos (permanecemos) três dias em Paris.
>
> *Wo ist meine Brille liegen geblieben?*
> Onde ficaram meus óculos? (Onde eu os esqueci?)

haver

Há diferentes formas de expressar esse verbo em alemão:

a) **es gibt**

- é a forma mais comum. Usada sempre no singular, seguida por um objeto no acusativo, que pode estar tanto no singular quanto no plural:

> *Es gibt neue Autos zum Verkaufen.*
> Há novos automóveis à venda.

- **es gibt** é usado para referir-se a fenômenos da natureza ou lugares:

> *Heute gibt es noch Regen.*
> Ainda vai chover hoje.

- é empregado também em alguns usos idiomáticos:

    Was gibt's denn da?
    O que está acontecendo aí?

b) **es ist/es sind**

- Nesse caso, o **es** funciona meramente como introdutor do sujeito verdadeiro. Portanto, o verbo estará no singular, se o sujeito for singular, e no plural, se for plural. O sujeito é usado no caso nominativo:

    Es waren drei Jungen im Garten.
    Havia três rapazes no jardim.

- O **es** não é essencial e, portanto, pode ser omitido quando o verbo e o verdadeiro sujeito vêm juntos. Isso acontece quando há inversão do sujeito e verbo e em orações subordinadas:

    Wenn viele Kinder zu Hause sind...
    Quando há muitas crianças em casa...

- **es ist** ou **es sind** são usados com referência a:

1. sujeitos com localização especificada. Essa localização deve ser sempre mencionada ou por um substantivo, ou por *darauf, darin* etc.: *Es waren drei Bücher auf dem Tisch* (Havia três livros sobre a mesa), *Ein Heft war auch darauf* (Havia também um caderno sobre ela).

2. no começo de uma história: *Es war einmal ein kleines Mädchen...* (Era uma vez uma garotinha...).

VI - Die Verben/Os Verbos

c) **da sein**

Essa locução verbal também tem como um dos significados possíveis o de *existir, haver*:

> *Es **ist** kein Brot mehr **da**.*
> Não há mais (nenhum) pão.

ir: *gehen, fahren, kommen* ou *fliegen*?

Gehen significa ir a pé; **fahren** é empregado quando se usa um meio de transporte, e **fliegen** significa voar, ir de avião:

> *Möchtest du mit dem Bus fahren? Nein, danke, ich gehe nach Haus.*
> Você quer ir de ônibus? Não, obrigado, vou a pé para casa.

> *Morgen fliege ich nach Europa.*
> Amanhã vou para a Europa (de avião).

kommen: *vir, ir* ou *chegar*?

O verbo **kommen** pode ser traduzido por vir, ir ou chegar, dependendo da frase:

> *Kannst du morgen zu mir **kommen**?*
> Você pode ir lá (vir aqui) em casa amanhã?

> *Wie **komme** (gehe) ich zum Flughafen?*
> Como eu chego ao (vou para o) aeroporto?

passar: *passieren, verbringen, vergehen, bügeln* ou *vorbeigehen*?

Passieren significa suceder, acontecer, como já foi visto. **Bügeln** é passar roupas. **Verbringen** é usado no sentido de passar um tempo em determinado lugar:

> *Er verbringt seine Ferien an dem Strand.*
> Ele passa as férias na praia.

Vergehen é passar o tempo ou uma vontade qualquer:

> *Die Jahren vergingen schnell.*
> Os anos passaram rapidamente.

> *Der Appetit ist mir vergangen.*
> Perdi o apetite, meu apetite passou.

Vorbeigehen é passar por algum lugar ou por alguém. Pode também significar passar, no sentido de ter fim:

> *Er ging an mir vorbei, ohne mich zu grüssen.*
> Ele passou por mim sem me cumprimentar.

> *Das Gewitter wird schnell vorbeigehen.*
> A tempestade vai passar logo.

saber, conhecer: *kennen, kennen lernen, können* ou *wissen*?

Kennen significa conhecer:

> *Kennst du meinen Vater?*
> Você conhece meu pai?

VI - Die Verben/Os Verbos

Kennen lernen significa conhecer (ser apresentado), travar conhecimento com alguém ou alguma coisa:

> *Als ich ihn kennen gelernt habe, war er noch sehr jung.*
> Quando eu o conheci (fui apresentada a ele), ele era ainda bem jovem.

Können significa saber na prática algo, ser hábil, capaz ou ter aptidão para alguma coisa:

> *Ich kann Gitarre spielen. Wir können schwimmen.*
> Eu sei tocar violão. Nós sabemos (somos capazes de) nadar.

Wissen refere-se ao domínio de um conhecimento intelectual ou de um saber teórico:

> *Meine Schwester weiß alles über Umweltverschmutzung.*
> Minha irmã sabe (conhece) tudo sobre poluição ambiental.

Compare:

> *Er kennt den Weg zu mir.*
> Ele conhece o caminho para minha casa.
>
> *Er kann den Weg zu mir finden.*
> Ele é capaz de encontrar o caminho para minha casa.
>
> *Er weiß den Weg zu mir.*
> Ele conhece (sabe) o caminho para minha casa (porque ele se informou com antecedência).

estar: *sein, liegen* ou *stehen*?

Liegen significa estar em posição horizontal. É usado para pessoas ou objetos que se encontram deitados e objetos que não têm autonomia para permanecer de pé por si sós.

Stehen significa estar de pé, em posição vertical.

Sein, no sentido de estar, pode ser usado em ambos os casos.

Esses verbos, por se referirem a uma situação estática, respondem à pergunta **wo?** e são acompanhados por preposições de lugar seguidas de *dativo*:

> *Wo liegt (ist) mein Buch? Es liegt (ist) auf dem Tisch.*
> Onde está meu livro? Ele está sobre a mesa.

> *Wo steht (ist) der Kühlschrank?*
> *Er steht (ist) vor dem Fenster in der Ecke der Küche.*
> Onde está a geladeira?
> Está diante da janela, no canto da cozinha.

colocar, pôr: *legen* ou *stellen*?

Enquanto *liegen* e *stehen* descrevem uma situação, **legen** e **stellen** descrevem a ação de pôr ou colocar algo (ou alguém) em algum lugar. Respondem à pergunta **wohin?** e são acompanhados por preposições de lugar que regem um *acusativo*. **Legen** significa colocar em posição horizontal; **stellen**, colocar em posição vertical.

> *Wohin soll ich den Fernseher stellen?*
> *Stelle ihn auf den Tisch!*
> Onde devo colocar o televisor?
> Coloque-o sobre a mesa!
>
> *Wohin lege ich diese Bücher?*
> *Lege sie in die Schublade.*
>
> Onde coloco esses livros?
> Coloque-os na (dentro da) gaveta.

sitzen ou *sich setzen*?

Sitzen significa estar sentado, responde à pergunta **wo?** e é usado com uma preposição de lugar que rege *dativo*.

Sich setzen, sentar-se, é um verbo pronominal, denota movimento e responde à pergunta **wohin?** É usado com preposição que pede um *acusativo*. Veja também os pares *liegen/legen, stehen/stellen*:

> *Wo sitzt die Dame?*
> *Sie sitzt vor dem eleganten Herrn.*
> Onde a senhora está sentada?
> Ela está sentada diante do homem elegante.
>
> *Wohin soll ich mich setzen?*
> *Setzen Sie sich auf das Sofa!*
> Onde devo me sentar?
> Sente-se no sofá!

VII - DIE ADVERBIEN
(OS ADVÉRBIOS)

Os advérbios são palavras invariáveis e podem ser usados para modificar um verbo, um adjetivo, outro advérbio, acrescentando-lhes circunstâncias de tempo e espaço, de modo e causa.

Os advérbios também são usados para indicar, com mais precisão, o significado de certos tempos verbais, como:

- com tempos que dão ideia de continuidade:

    *Er arbeitet **gerade** in der Garage.*
    Ele está trabalhando (agora mesmo) na garagem.

- para mostrar um sentido de futuro quando o tempo usado não é o **Futur**:

    *Er kommt **morgen**.*
    Ele vem (virá) amanhã.

A formação dos advérbios

A maioria dos advérbios em alemão são adjetivos ou particípios usados sem terminação. Não há uma terminação específica para os advérbios. Muitos advérbios são simplesmente adjetivos usados com função adverbial. Nesses casos, eles não se declinam.

Alguns advérbios são formados pela adição de -*weise* ou -*sweise* a um substantivo: *beispielsweise* (por exemplo).

Alguns outros são formados pela adição de -*erweise* a um adjetivo em sua forma simples. Tais advérbios são usados principalmente para expressar a opinião de quem fala: *möglicherweise* (possivelmente).

A respeito da posição do advérbio na frase, veja o capítulo sobre **ordem fraseológica**.

Os advérbios podem responder a várias perguntas.

Advérbios de tempo

- **wann?** (quando?), **bis wann?** (até quando?), **seit wann?** (desde quando?), **wie lange?** (por quanto tempo?), **wie oft?** (com que frequência?):

morgen	amanhã
morgens	pela manhã
heute	hoje
gestern	ontem
endlich	finalmente
sofort	imediatamente
immer	sempre
täglich	diariamente

Advérbios de modo

- **wie?** (como?), **wie sehr?** (com que intensidade?), e expressam grau, qualidade, quantidade ou intensidade:

äußerst	extremamente
besonders	especialmente
ziemlich	um tanto, bastante
beträchtlich	consideravelmente
sehr	muito

Advérbios de causa

- **warum? weshalb?** (por quê?), **wodurch? / womit?** (com o quê?), **unter welcher Bedingung?** (em que circunstância?), **wozu? / wofür? / zu welchem Zweck?** (para quê?):

meinetwegen	por minha causa
deshalb	por isso
jedenfalls	em todo caso
schlimmstenfalls	na pior das hipóteses

Advérbios de lugar

Respondem às perguntas **wo?** (onde?), **wohin?** (aonde?), **woher?** (de onde?).

- Quando não há movimento, ou o movimento é em um lugar específico, o advérbio é usado em sua forma simples, ou seja, a encontrada no dicionário.

- Movimento para longe do orador é mostrado pela presença de *hin*.

Usam-se os seguintes advérbios para mostrar esse distanciamento:

wohin?	para / aonde?
irgendwohin	para algum lugar
überallhin	para todos os lugares
dahin	para lá
hierhin	para cá
dorthin	para lá

- Movimento em direção ao falante é mostrado pela presença de *her*:

woher?	de onde?
hierher	para cá
irgendwoher	de algum lugar qualquer
daher	de lá para cá
überallher	de todos os lugares para cá

(Veja: a **ordem fraseológica - a negativa**.)

Die Komparation (Vergleichsformen) der Adverbien/A comparação dos advérbios

A forma comparativa do advérbio é obtida do mesmo modo que a dos adjetivos, ou seja, com a adição de *-er*:

> *Hans fährt schneller als Peter.*
> Hans dirige mais rápido que Peter.

O superlativo forma-se com *am* + *advérbio* + *-sten/-esten*:

> *Gottfried fährt **am schnellsten**.*
> Gottfried dirige mais rápido (do que todos).

Atente para o uso de *immer* para demonstrar progressão:

> *Die Kinder sprechen **immer** lauter.*
> As crianças estão falando cada vez mais alto.

- quanto mais... tanto mais... expressa-se em alemão usando *je... desto...* ou *je... um so...*:

> ***Je** mehr du läufst, **desto** müder wirst du.*
> Quanto mais você correr, mais cansado vai ficar.

Alguns superlativos adverbiais são usados para mostrar mais a extensão de uma qualidade do que uma comparação com outras. Atente para:

spätestens (o mais tardar), *höchstens* (no máximo), *wenigstens* (pelo menos), *meistens* (na maioria das vezes), *strengstens* (estritamente), *bestens* (muito bem). Exemplo:

> *Bis höchstens elf bin ich zu Hause.*
> Até no máximo às onze horas estarei em casa.

Duas formas irregulares de comparativos e superlativos:

> *gern - lieber - am liebsten* (bem, mais, melhor)
> *bald - eher - am ehesten* (logo, antes, o mais breve possível)

Atente para a progressão:

> *Er trinkt Bier **gern**.*
> Ele gosta de beber cerveja.

> *Wein trinkt er **lieber**.*
> Ele prefere vinho.

> ***Am liebsten** trinkt er Kaffee.*
> O que ele mais gosta de beber é café.

(Veja: **a comparação dos adjetivos**.)

VIII - ABTÖNUNGSPARTIKELN
(PARTÍCULAS ENFÁTICAS)

Há palavras comuns à língua alemã, principalmente na língua falada, usadas para enfatizar ou modificar de algum modo o significado da frase. As seguintes são as mais comuns:

aber - usada para enfatizar uma afirmação. Expressa nosso espanto a respeito da extensão de alguma coisa ou de um fato:

>*Das ist **aber** nett!*
>Mas que gentil!
>
>*Das ist **aber** ein Zufall, dass du hier bist!*
>Mas que coincidência você estar aqui!

denn - além de seu uso como conjunção, *denn* é bastante usada para enfatizar uma pergunta, tornando-a mais natural, pois demonstra interesse por parte do inquiridor. Pode também expressar surpresa ou irritação:

>*Was ist **denn** hier los?*
>(Afinal) o que está acontecendo aqui?

>   *Wo bist du **denn** geboren?*
>   Onde (é mesmo que) você nasceu?

doch - usada para retrucar positivamente a uma asserção ou impressão negativa:

>   *Trinkst du keinen Kaffee? - **Doch!***
>   Você não toma café? Tomo, sim!

Pode também reforçar uma forma imperativa:

>   *Lass es **doch!***
>   Deixe disso!

Pode transformar uma afirmação numa interrogação:

>   *Das schaffst du **doch**?*
>   Você consegue fazer isso, não é?

Além disso, pode expressar surpresa, um desejo muito grande ou ainda um temor diante de um possível acontecimento:

>   *Ihr ist **doch** nichts passiert!*
>   Não deve ter acontecido nada com ela!

mal - pode ser usada com imperativos:

>   *Komm **mal** her!*
>   Venha aqui!

Aparece em vários usos idiomáticos:

>   *Hör **mal**...*
>   Escute aqui...

ja - reforça uma afirmação:

>   *Du siehst **ja** wie deine Mutter aus.*
>   Você se parece mesmo com sua mãe.

Também pode expressar surpresa, admiração ou ainda perplexidade.

>   *Das ist **ja** traurig!*
>   Isso é mesmo triste.
>
>   *Das ist das **ja**!*
>   É isso aí!

schon - usada familiarmente em imperativos, pretendendo incentivar ou mostrar impaciência:

>   *Komm **schon**!*
>   Venha (já)!

Acompanhado de outra frase que inicia com *aber*, reforça uma limitação:

>   *Das könnte **schon** wahr sein, aber...*
>   Poderia mesmo ser verdade, mas...

Também possui usos idiomáticos:

> **Schon** gut
> Certo, tudo bem

wohl - enfatiza uma suposição; pode demonstrar surpresa, interesse pessoal, embaraço:

> *Hans wird **wohl** im Klub sein!*
> O Hans deve estar no clube (tenho praticamente certeza).

> *Oh, ist der **wohl** dein Bruder?*
> Ah, então ele é seu irmão?

IX - DIE PRÄPOSITIONEN
(AS PREPOSIÇÕES)

Preposições são palavras invariáveis que relacionam dois termos, e um deles explica ou completa o sentido do outro. Por exemplo:

*Kaffee **mit** Milch; ich fahre **nach** Paris.*
café *com* leite; vou *a* Paris

Em alemão, as preposições podem reger um caso acusativo, dativo ou genitivo. É importante aprender cada preposição com seu respectivo caso.

As preposições que regem acusativo ou dativo são muito mais comuns do que as que regem genitivo.

Certas preposições podem ser usadas ora com dativo, ora com acusativo, dependendo de haver movimento ou não. Veja mais esclarecimentos adiante.

As preposições muitas vezes completam o sentido de certos verbos (veja: **o capítulo de verbos**).

Muitas preposições contraem-se com a forma do artigo definido, formando uma só palavra. Exemplos:

auf + das = aufs
bei + dem = beim
zu + der = zur

Essas contrações são possíveis com as seguintes preposições:

Preposição	+ das	+ den	+ dem	+ der
hinter	hinters*	hintern*	hinterm*	
über	übers*	übern*	überm*	
unter	unters*	untern*	unterm*	
zu			zum	zur
an	ans		am	
vor	vors*		vorm*	
in	ins		im	
bei			beim	
von			vom	
durch	durchs*			
für	fürs*			
auf	aufs*			
um	ums*			

As formas marcadas com * são comuns apenas na linguagem coloquial, ou seja, no alemão falado. As outras podem ser usadas em qualquer contexto, formal ou informal.

Evitam-se as formas contraídas quando o artigo definido é usado com valor de demonstrativo e, portanto, acentuado.

IX - Die Präpositionen/As Preposições

Outras formas que envolvem preposições ocorrem:

a) na introdução de orações relativas:

> *Der Sessel, **worauf** ich saß, war neu.*
> A poltrona na qual eu estava sentado era nova.

b) com pronomes que representam objetos, como o demonstrativo *da-* ou o interrogativo *wo-*:

> *Ich verstehe nichts **davon**.*
> Não entendo nada disso.
>
> ***Worüber** spricht sie?*
> Do que ela está falando?

Preposições que regem dativo

Algumas das preposições mais comuns usadas com dativo são: *aus / außer / bei / gegenüber / mit / nach / seit / von / zu*.

aus*

- indica movimento para fora. É muito usada para indicar procedência, origem:

> *Er kommt aus Berlin.*
> Ele vem de Berlim = ele é de Berlim
> (isto é, ele nasceu em Berlim).

außer

- pode significar **exceto** ou **fora de**:

    Außer ihm ist niemand gekommen.
    Exceto ele não veio ninguém.

*bei**

- significa **na casa / escritório / loja de / perto de**:

    Anne ist bei Ingrid.
    Anne está na casa de Ingrid.

    Er arbeitet bei Ford.
    Ele trabalha na Ford.

    Sie sitzt bei ihrer Mutter.
    Ela está sentada perto de sua mãe.

*gegenüber**

- significa **em frente a, defronte a**:

    Sie wohnt meinem Haus gegenüber.
    Ela mora em frente à minha casa.

Essa preposição pode vir posposta, como se vê no exemplo acima.

IX - Die Präpositionen/As Preposições

mit *
- significa **com**:

    Jochen ist mit Maria ins Kino gegangen.
    Jochen foi com Maria ao cinema.

nach*
- significa:

a) **após**, **depois de** (tempo)

    Er kommt nach dem Abendessen.
    Ele vem depois do jantar.

    Es ist zwanzig nach sieben.
    São sete e vinte (vinte minutos passados das sete).

b) **para** (direção), usada com nomes de países, cidades, estados

    Wir fahren nach Bonn.
    Vamos viajar para Bonn.

c) **de acordo com** (pode ser usada após o substantivo, nesse caso)

    Meiner Meinung nach kommt sie nicht.
    Na minha opinião ela não vem.

seit
- significa **desde**, **há** (tempo)

    Seit langem sehe ich dich nicht.
    Faz tempo que não o vejo.

Wir wohnen hier seit drei Jahren.
Há três anos moramos aqui.

von
- significa:

a) **de** (lugar de onde)

Er kommt von Berlin und fährt nach Bonn.
Ele está vindo de Berlim e vai para Bonn.

b) **de**, **desde** (tempo)

Von Montag bis Freitag bleiben sie in Hamburg.
De segunda até sexta-feira eles permanecem
(vão permanecer) em Hamburgo.

c) **de** (indicando posse, usada como alternativa para o caso genitivo)

Das ist von meinem Bruder.
Isto é de meu irmão.

d) **por** (para introduzir o agente da voz passiva)

Die Kartoffeln wurden von mir geschält.
As batatas foram descascadas por mim.

*zu**
- significa **para** (direção)

Sie geht zu der Schule.
Ela vai para a escola.

IX - Die Präpositionen/As Preposições

Obs.: as preposições marcadas com * aparecem também como prefixos verbais.

Preposições que regem acusativo

As mais comuns são: *durch / entlang / für / gegen / ohne / um / wider*.

durch*
- significa **através de**

    Ingrid sieht durch das Fenster.
    Ingrid vê pela (através da) janela.

Precede o agente inanimado da voz passiva ou o intermediário:

    Das Haus wurde durch das Feuer zerstört.
    A casa foi destruída pelo fogo.

entlang*
- como preposição, significando **ao longo de**, caso em que vem após o substantivo:

    Der Zug fährt den Fluss entlang.
    O trem corre ao longo do rio.

für
- significa:
a) **para, a favor**

    Ich habe ein Geschenk für ihn gekauft.
    Comprei um presente para ele.

b) **por** (tempo determinado)

> *Ich bleibe hier für einen Monat.*
> Vou ficar aqui por um mês.

c) é usada nas expressões *was für / was für ein,* que significam "que tipo de" (veja: **pronomes interrogativos**).

*gegen**
- significa **contra**, **na direção de**:

> *Das Auto fuhr gegen das Haus.*
> O carro foi de encontro à casa.

ohne
- significa **sem**:

> *Er fährt ohne mich nach Bremen.*
> Ele vai viajar para Bremen sem mim.

*um**
- significa:
a) **em torno de**

> *Der Hund läuft um das Haus.*
> O cachorro está correndo em volta da casa.

b) **à(s)** (em expressões de tempo)

> *Er kommt um 9:00 Uhr nach Hause.*
> Ele vem para casa às nove horas.

IX - Die Präpositionen/As Preposições

wider*
- significa **contra:**

    Wider Willen mache ich nichts.
    Contra a vontade não faço nada.

Obs.: as preposições marcadas com * também são encontradas como prefixos verbais.

Preposições que regem ou dativo ou acusativo

Essas preposições são seguidas por **acusativo** quando implicam movimento em direção a algum lugar e por **dativo** quando se descreve a posição ocupada. As preposições mais comuns dessa categoria referem-se exatamente a posições no espaço. As mais comuns são: *in / an / auf / unter / über / vor / hinter / neben / zwischen.*

in
- significa **em, dentro de:**

    Er ging ins (in das) Zimmer.
    Ele entrou na sala.

    Wir waren schon im (in dem) Zimmer.
    Nós já estávamos na sala.

an
- significa **em, próximo a, em contato com:**

    Ich hänge das Bild an die Wand.
    Vou pendurar o quadro na parede.

> *Er sitzt am (an dem) Fenster.*
> Ele está sentado próximo à janela.

auf

- significa **sobre, em contato com**:

> *Ist das Buch auf dem Tisch?*
> O livro está sobre a mesa?

> *Lege es bitte auf den Tisch!*
> Coloque-o sobre a mesa, por favor!

unter

- significa **sob, embaixo de, debaixo**:

> *Die Katze legte sich unter den Tisch.*
> O gato deitou-se sob a mesa.

> *Deine Brille liegt unter der Zeitung.*
> Seus óculos estão debaixo do jornal.

über

- significa **acima de, sobre**:

> *Ich habe die Lampe über den Tisch gehängt*
> Pendurei o lustre acima da mesa.

> *Hängt die Lampe über dem Tisch?*
> O lustre está pendurado sobre a mesa?

vor

- significa **na frente de**:

> *Er fährt das Auto vor das Haus.*
> Ele dirige o carro para a frente da casa.

> *Der Stuhl steht vor dem Sofa.*
> A cadeira está na frente do sofá.

IX - Die Präpositionen/As Preposições

hinter
- significa **atrás de**:

    Sie setzte sich hinter mich.
    Ela sentou-se atrás de mim.

    Dein Heft liegt hinter dem Schrank.
    Seu caderno está atrás do armário.

neben
- significa **próximo de**, **perto de**, **ao lado de**:

    Wir haben das Sofa neben den Sessel gestellt.
    Colocamos o sofá perto da poltrona.

    Das Bücherregal steht neben dem Fernseher.
    A estante está ao lado do televisor.

zwischen
- significa **entre**:

    Anne hat sich zwischen ihn und seine Freundin gesetzt.
    Anne sentou-se entre ele e sua namorada.

    Deine Brille liegt zwischen dem Buch und der Zeitung.
    Seus óculos estão entre o livro e o jornal.

Essas preposições também podem ser usadas com sentido figurado, como parte de uma construção formada por verbo + preposição (veja capítulo de **verbos**).

Nessas situações, nem sempre as preposições *an* e *auf* regem o mesmo caso. É, portanto, aconselhável aprender tais construções junto com a regência específica.

Observação: ***an, auf, unter, über, vor*** também são usadas como prefixos verbais.

Preposições que regem genitivo

As seguintes preposições são as mais comuns que usam o caso genitivo:

diesseits	deste lado de
jenseits	daquele lado de
beiderseits	de ambos os lados de
innerhalb	dentro de
außerhalb	fora de
während	durante
statt	em vez de, ao invés de
trotz	apesar de
wegen	por causa de
infolge	em consequência de
hinsichtlich	com referência a
...halber	por causa de (usada após o substantivo regido)
um... willen	pelo amor de... (o substantivo regido é usado no meio: *um Gottes willen* / pelo amor de Deus)

IX - Die Präpositionen/As Preposições

Alguns exemplos:

> *Trotz des Regens ist er gekommen.*
> Apesar da chuva, ele veio.
>
> *Wegen seiner schlechten Laune hat er die Arbeitstelle verloren.*
> Por causa de seu mau humor, ele perdeu o emprego.

Generalidades

Casa: em casa, para casa, de casa

Atente para o uso da palavra *Haus* (casa) nas frases seguintes:

> *Gestern bin ich zu Haus geblieben, aber heute gehe ich zu Markus. Bei ihm bleibe ich bis zehn (Uhr), dann gehe ich nach Haus.*
> Ontem fiquei em casa, mas hoje vou para a casa do Marcos. Vou ficar na casa dele até as dez (horas), depois vou para casa.

em casa = *zu Haus(e)*

para casa = *nach Haus(e)*

de casa = *von zu Haus(e)*

na casa (ou no local de trabalho) de alguém = *bei* + nome próprio

para a casa (ou local de trabalho) de alguém = *zu* + nome próprio

> **OBSERVAÇÃO**
>
> O *-e* de *Hause* é uma antiga terminação de dativo que pode aparecer nessas expressões.

a pé ou de ônibus?

A pé diz-se em alemão *zu Fuß*, expressão que pode ser evitada com o simples uso do verbo *gehen* ou do verbo *laufen*, que já pressupõem o fato.

Para nos referirmos a outro meio de locomoção, usamos a preposição *mit* (sempre usada com dativo): *mit dem Bus* (de ônibus), *mit dem Auto* (de carro), etc.

A preposição "para": *für? nach? in? zu?*

Para alguém ou **para alguma coisa** (finalidade) é *für jemand(en)/ für etwas*:

> *Das Geschenk ist für dich.*
> O presente é para você.

> *Diese Batterie ist für mein Auto.*
> Esta bateria é para o meu carro.

IX - Die Präpositionen/As Preposições

Para, indicando direção, pode ser:

nach - usado diante de nomes de cidades, estados, países que sejam usados sem artigo e diante da palavra *Haus* (veja acima):

> *Er fährt nach Berlin, nach Bahia, nach Italien.*
> Ele vai viajar para Berlim, para a Bahia, para a Itália.

Mas:

> *Er fährt **in die** Schweiz.*
> Ele vai à Suíça.

in (com acusativo) indica movimento para dentro de algum lugar. É usada também com nomes de países, estados, cidades precedidos de artigo (veja acima):

> *Wir gehen in den Supermarkt; ins Zimmer.*
> Vamos ao supermercado; para o quarto.

zu (preposição que sempre rege dativo) indica movimento na direção de algum lugar, sem precisar a entrada neste lugar:

> *Wir fahren zum Stadtzentrum, zum Theater, zum Supermarkt.*
> Vamos para o centro da cidade, para o teatro, para o supermercado.

zu ou *um... zu* precede também infinitivos em orações infinitivas, e também é traduzido por **para** (a fim de, expressa finalidade) em português:

>*Ich lese die Zeitung, um etwas über Politik zu wissen.*
>Leio o jornal para saber algo a respeito de política.

>*Er trinkt zu vergessen.*
>Ele bebe para esquecer.

(Veja: **orações infinitivas**.)

X - DIE KONJUNKTIONEN
(AS CONJUNÇÕES)

Koordinierende (nebenordnende) Konjunktionen / Conjunções coordenativas

São usadas para ligar palavras, frases ou orações. As mais comuns são:

    und   e

    Milch und Kaffee
    leite e café

    Er machte die Hausaufgabe und ging in die Schule.
    Ele fez a tarefa e foi para a escola.

OBSERVAÇÃO

Quando duas (ou mais) orações possuem o mesmo sujeito e são unidas por *und*, podemos omitir o sujeito da segunda oração.

    oder   ou

    Trinkst du Kaffee oder Tee?
    Você vai beber café ou chá?

Gehen wir ins Kino, oder möchtest du lieber ins Theater?
Vamos ao cinema, ou você prefere ir ao teatro?

aber   mas, entretanto

Teuer, aber gut.
Caro, mas bom.

Er fährt nach Rom, aber Anne fährt nicht mit.
Ele vai para Roma, mas Anne não vai junto.

denn   pois

Ich bleibe zu Hause, denn ich muss für die Prüfung studieren.
Vou ficar em casa, pois preciso estudar para a prova.

sondern   mas, porém (após construção negativa): mais usada entre palavras ou partes de sentença, raramente entre sentenças

Nicht gestern, sondern morgen.
Não ontem, mas (sim) amanhã.

Du solltest keinen Kaffee kaufen, sondern Tee.
Você não deveria ter comprado café, mas chá.

X - Die Konjunktionen/As Conjunções

Outras conjunções coordenativas, formadas por dois elementos:

    sowohl... als (auch)   tanto... quanto

- pode unir palavras ou partes de orações:

    *Er spricht sowohl Italienisch als (auch)
    Portugiesisch.*
    Ele fala tanto italiano quanto português.

    weder... noch   nem... nem

- na maioria das vezes serve para unir partes de frases:

    Ich habe weder Geld noch Geduld.
    Não tenho dinheiro nem paciência.

    nicht nur... sondern auch   não só... mas também

- pode unir tanto palavras quanto frases ou orações. O verbo concorda em número com o sujeito mais próximo:

    *Nicht nur Peter, sondern auch seine Freunde sind
    nach Berlin gefahren.*
    Não apenas Peter, mas também seus amigos
    viajaram para Berlim.

    *Wir haben nicht nur viel gelernt, sondern wir
    haben auch viel gespielt.*
    Não estudamos apenas, mas também brincamos.

entweder... oder   ou... ou

- pode unir partes de orações ou orações. O verbo concorda com o sujeito mais próximo.

A ordem é a seguinte: inversão na primeira oração e ordem normal na segunda.

> *Entweder gehen Sie weg, oder ich rufe die Polizei an.*
> Ou o senhor vai embora, ou eu telefono para a polícia.

As conjunções coordenativas não provocam inversão do sujeito, isto é, o verbo ocupa o segundo campo da oração, seguindo o sujeito.

- A inversão pode ocorrer por outros motivos: numa frase interrogativa ou pela presença de outras palavras: adjuntos adverbiais, como *dann*, *montags*, *letzte Woche*...

> *Bleibst du zu Hause oder fährst du mit mir nach Santos?*
> Você vai ficar em casa ou vai comigo para Santos?

> *Er hat sein Zimmer in Ordnung gebracht und **dann** ist er ins Kino gegangen.*
> Ele arrumou seu quarto e então foi ao cinema.

- a conjunção *aber* pode ser usada no meio da frase, em vez de ser usada no início (ênfase):

X - Die Konjunktionen/As Conjunções

> *Marianne aber möchte lieber zu Hause stehen.*
> Marianne, entretanto, preferiu ficar em casa.

Algumas gramáticas mencionam, entre as conjunções coordenativas, outras palavras que podem exercer essa função. Como se trata originariamente de advérbios, quando ocupam o início da oração, provocam a inversão entre sujeito e verbo. As mais comuns são ***also*** (portanto); ***da, daher*** (por isso, assim); ***dann*** (daí, então); ***danach*** (depois, logo); ***deswegen*** (por isso); ***trotzdem*** (apesar disso). Veja alguns exemplos:

> *Ich habe zuerst meine Hausaufgabe gemacht, **dann** bin ich ins Kino gegangen.*
> Primeiro fiz minha lição de casa, depois (daí) fui ao cinema.

> *Andreas möchte in Deutschland studieren, **deswegen** spart er Geld.*
> Andreas gostaria de estudar na Alemanha, por isso está economizando dinheiro.

> *Morgen habe ich viel zu tun, **trotzdem** komme **ich** zu dir.*
> Amanhã tenho muita coisa a fazer, apesar disso virei até sua casa.

Subordinierende (unterordnende) Konjunktionen / Conjunções subordinativas

São usadas para unir orações em que uma delas depende da outra para complementar seu significado. A oração dependente é chamada de subordinada *(Nebensatz)*, e a outra, de principal (*Hauptsatz*).

A oração subordinada sempre vem separada do resto da sentença por vírgulas.

A oração subordinada pode preceder a principal. Quando isso ocorre, verbo e sujeito da oração principal invertem posição, ou seja: o verbo conjugado vem logo após a vírgula, seguido do sujeito. Exemplos:

*Ich gehe ins Kino, **wenn** es nicht **regnet**.*
Vou ao cinema se não chover.

***Wenn** es nicht **regnet**, **gehe ich** ins Kino.*
Se não chover, vou ao cinema.

A parte conjugada do verbo encontra-se sempre no final da oração subordinada. Em caso de uso de tempos compostos na oração subordinada, é o verbo auxiliar que ocupa o último campo, após o particípio ou o infinitivo usados para formar o tempo composto (veja: **tempos compostos**).

X - Die Konjunktionen/As Conjunções

Exceção: qualquer verbo modal (*mögen, können, müssen...*) usado numa oração subordinada ocupa o último lugar. Inclusive quando o verbo modal está sendo usado em um tempo composto, a ordem é a mesma (veja: **verbos modais**).

Seguem-se as conjunções subordinativas mais comuns:

Temporais:

> *als*   quando (uma vez no passado)
>
> *Als ich in Berlin wohnte, lernte ich Johann kennen.*
> Quando eu morava em Berlim, conheci o Johann.
>
> *bevor*   antes que
>
> *Ich gehe nach Hause, bevor es regnet.*
> Vou para casa, antes que chova.
>
> *bis*   até que
>
> *Warten Sie hier, bis ich Sie rufe.*
> Espere aqui até que eu o chame.
>
> *nachdem* depois que
>
> *Nachdem sie die Koffer eingepackt hatte, rief sie ein Taxi.*
> Depois que arrumou as malas, ela chamou um táxi.

Forma alternativa:
A mesma ideia pode ser expressa com o uso de advérbios. Note o exemplo:

> ***Zuerst** packte sie die Koffer. **Danach (dann)** rief sie ein Taxi.*
>
> Primeiro ela arrumou as malas. Em seguida (depois, então) chamou um táxi.

Note que, nesse caso, as duas orações encontram-se no mesmo tempo verbal.
(Veja: **o uso dos tempos verbais**.)

> *seitdem* desde que
>
> *Seitdem sie nach Bonn umgezogen ist, hat sie keine Briefe mehr geschickt.*
> Desde que se mudou para Bonn, ela nunca mais enviou cartas.

> *sobald* assim que
>
> *Sobald er ankommt, sage ich es ihm Bescheid.*
> Assim que ele chegar, eu o avisarei.

> *während* enquanto
>
> *Während ich arbeite, singst du.*
> Enquanto eu trabalho, você canta.

X - Die Konjunktionen/As Conjunções

Formas alternativas:

Podemos usar o advérbio *dabei* (ao mesmo tempo) para expressar a simultaneidade, ou ainda a conjunção subordinativa *als*, principalmente quando nos referimos a ações passadas.

> *Ich arbeite; dabei singst du.*
> Eu trabalho; ao mesmo tempo, você canta.
>
> *Ich arbeitete, als du sangst.*
> Eu trabalhava, quando você cantava.

Integrantes (introduzem uma oração subordinada substantiva)

> ***dass***   que
>
> *Ich glaube, dass er krank ist.*
> Acho que ele está doente.
>
> ***ob***   se
>
> *Ich weiß nicht, ob er kommt.*
> Não sei se ele vem.

Concessiva

> ***obwohl***   se bem que, embora

Obwohl sie müde war, half sie mir.
Embora estivesse cansada, ela me ajudou.

Formas alternativas:

Podemos expressar a mesma ideia com o auxílio do advérbio *trotzdem*, *dennoch* ou *nichtsdestoweniger*, que são sinônimos, ou ainda com a conjunção coordenativa *aber* (mas, entretanto). Observe o exemplo seguinte:

Es regnet, aber ich gehe ins Kino.
Está chovendo, mas eu vou ao cinema.

Obwohl es regnet, gehe ich ins Kino.
Embora esteja chovendo, vou ao cinema.

Es regnet. Trotzdem (dennoch) gehe ich ins Kino.
Está chovendo. Apesar disso (mesmo assim), vou ao cinema.

Atenção: note que *trotzdem* é usado na oração principal do período formado com a subordinativa *obwohl*!

Causal

weil   porque

Ich kaufe das Auto nicht, weil ich kein Geld habe.
Não vou comprar o carro, porque não tenho dinheiro.

X - Die Konjunktionen/As Conjunções

Forma alternativa:

A mesma ideia pode ser expressa com o uso da conjunção coordenativa *denn*, ou ainda com a conjunção subordinativa *da*:

> *Ich kaufe das Auto nicht, denn ich habe kein Geld.*
> Não vou comprar o carro, pois não tenho dinheiro.
>
> (Atenção: a conjunção coordenativa **não** altera a posição dos elementos na frase!)
>
> *Da ich kein Geld habe, kaufe ich das Auto nicht.*
> Como não tenho dinheiro, não vou comprar o carro.

Condicional

> ***wenn***   se
>
> *Wenn du möchtest, könntest du mir helfen.*
> Se você quisesse, poderia me ajudar.

Outras: modais, comparativas, consecutivas, alternativas

> ***als ob***   como se (modal, comparativa)
>
> *Sie tut so, als ob sie reich wäre.*
> Ela age como se fosse rica.

ohne dass sem que (modal)

Er hat mich zur Party eingeladen, ohne dass ich darauf wartete.
Ele me convidou para a festa sem que eu esperasse (por isso).

so dass / so... dass de modo que, tão (tanto)... que (modal, consecutiva)

Er war müde, so dass er im Auto schlief.
Ele estava cansado, de modo que dormiu no carro.

Er war so müde, dass er im Auto schlief.
Ele estava tão cansado que dormiu no carro.

statt dass em vez de (alternativa)

Statt dass du deine Aufgabe machst, sitzt du da und siehst fern.
Em vez de fazer a tarefa, você fica aí sentado vendo televisão.

Quando

Quando pode ser pronome interrogativo ou conjunção. Na língua alemã, há três palavras diferentes com a mesma tradução:

X - Die Konjunktionen/As Conjunções

a) **quando**, pronome interrogativo, é *wann*.

> *Wann ist er gekommen?*
> Quando ele chegou?
>
> *Ich möchte wissen, **wann** du zu Hause bist.*
> Gostaria de saber quando você está em casa.

b) **quando**, conjunção subordinativa, pode ser *als* ou *wenn*.

Als é uma conjunção subordinativa temporal e refere-se a acontecimentos ligados ao passado.

> ***Als** ich Kind war, las ich immer Monteiro Lobato.*
> Quando eu era criança, sempre lia Monteiro Lobato.

Wenn também é conjunção subordinativa temporal, mas refere-se ou a um acontecimento futuro ou a um acontecimento que se repete (nesse caso, pode vir acompanhada de *immer*, significando "sempre que").

> ***Wenn** du kommst, bring deine Schwester mit.*
> Quando você vier, traga sua irmã.
>
> ***Wenn** ich fernsehe, esse ich immer etwas.*
> Quando (sempre que) assisto à televisão, sempre como alguma coisa.

Immer wenn sie mich besuchte, brachte sie Schokolade für die Kinder.
Sempre que me visitava, ela trazia chocolate para as crianças.

Que

A conjunção **que** pode assumir diferentes formas em alemão:

a) quando se trata da conjunção subordinativa integrante, é ***dass***:

> *Ich glaube, **dass** Frau Meyer bei Siemens arbeitet.*
> Acho que a Sra. Meyer trabalha na Siemens.

b) quando é um pronome relativo, pode assumir diferentes formas, dependendo de sua função sintática (veja: **pronomes relativos**):

> *Das Buch, von **dem** ich gesprochen habe, ist sehr interessant.*
> O livro de que falei é muito interessante.
>
> *Hast du den Saft getrunken, **den** ich in den Kühlschrank gestellt hatte?*
> Você bebeu o suco que eu tinha colocado na geladeira?

c) ainda como pronome relativo, pode ser **was**, em expressões como *alles, was* (tudo o que); *nichts, was* (nada que):

> *Alles, **was** ich gesagt habe, ist wahr.*
> Tudo o que eu disse é verdadeiro.

Se

Tanto em português quanto em alemão, "**se**" pode ser conjunção subordinativa integrante ou condicional. Em alemão, porém, há duas palavras diferentes, dependendo da conjunção a ser empregada:

se - conjunção subordinativa integrante - é ***ob***

*Ich weiß nicht, **ob** er mich anrufen wird.*
Não sei se ele vai me telefonar.

se - conjunção subordinativa condicional - é ***wenn***

***Wenn** ich Zeit hätte, würde ich ins Theater gehen.*
Se eu tivesse tempo, iria ao teatro.

XI - DIE INTERJEKTIONEN
(AS INTERJEIÇÕES)

As interjeições são palavras que expressam emoção, sensação, apelo ou saudação. Também em alemão, como ocorre em português, é difícil classificar uma interjeição, pois uma mesma interjeição pode expressar sentimentos diferentes. As mais comuns são:

ah! - usada para expressar surpresa, admiração:

> *Ah, du bist es!*
> Ah, é você!

ach! - usada para expressar:

a) pesar ou dor:

> *Ach Gott!*
> Ai meu Deus!

b) desejo ou anseio por algo:

> *Ach, wäre die Prüfung doch schon vorbei!*
> Ah, que bom se a prova já tivesse passado!

c) surpresa ou alegria:

> *Ach, wie nett, dich zu treffen!*
> Puxa, que bom encontrar você!

ach ja! - mostra que alguém se lembra repentinamente de algo:

> *Ach ja, jetzt weiß ich, was du meinst!*
> Ah, agora já sei a que você está se referindo!

ach ja? - demonstra dúvida ou surpresa:

> — *Sie kommt erst morgen.* — *Ach ja?*
> — Ela só vem amanhã. — Ah, é?

ach so! - usada para mostrar que de repente se entendeu algo:

> *Ach so, jetzt ist mir das klar!*
> Ah, agora eu entendi!

ach wo/was! - mostra que não se está de acordo com algo:

> *Ach wo, das stimmt doch überhaupt nicht!*
> Ora, não tem nada a ver!

XI - Die Interjektionen/As Interjeições

ach je/o je! - usada para expressar pesar ou susto:

> *Ach je/o je, das Radio ist kaputt!*
> Caramba, o rádio está quebrado!

aha! - usada para expressar:

a) a ideia de que de repente algo foi entendido:

> *Aha, jetzt ist mir alles klar!*
> Ah, agora entendi!

b) a ideia de que algo que acabou de acontecer aconteceu como se previra:

> *Aha, das musste ja so kommen!*
> Ah, tinha de acontecer isso! (Já estava esperando por isso!)

äh... - é usada para preencher vácuos no discurso, quando não se sabe o que dizer ou se esqueceu o pretendido:

> *Äh, wo war ich stehengeblieben?*
> Puxa, onde foi mesmo que eu parei?

nanu! - exprime surpresa ou admiração:

> *Nanu, wer kommt denn da? Dich habe ich ja noch gar nicht erwartet!*
> Puxa, olhe só quem vem chegando! Não estava esperando por você de jeito nenhum!

oh! - expressa alegria, surpresa, decepção etc.:

> *Oh, das ist aber lieb von dir!*
> Puxa, mas isso foi muito gentil de sua parte!

oho! - usada para mostrar que alguém está surpreso (e ao mesmo tempo um pouco irritado):

> *Oho! Sag das noch mal und du kannst was erleben!*
> Epa! Diga isso mais uma vez e você vai ver!

pfui! - usada para expressar que se considera algo sujo, imoral ou nojento:

> *Pfui! (Pfui Teufel!) Fass dieses dreckige Ding nicht an!*
> Cruzes! (Cruz-credo!) Não mexa nessa coisa nojenta!

pfui Teufel! - também expressa nojo, aversão.

Por vezes usam-se também substantivos ou substantivos com preposições como interjeições:

Donnerwetter! - expressa surpresa, admiração: Raios!

zum Donnerwetter! zum Teufel! - expressam raiva: Com mil raios! Com mil demônios!

Sakrament! - usada como praga, maldição: Maldição!

XII - DIE SATZSTELLUNG
(A ORDEM FRASEOLÓGICA)

A ordem das palavras na oração inicial ou principal

Em uma oração inicial ou principal, normalmente o sujeito ocupa o primeiro campo e é seguido pelo verbo, como ocorre também em português:

> *Der Junge kauft die Zeitung.*
> O menino (sujeito) compra (verbo) o jornal.

OBSERVAÇÃO

Chamamos de campo da oração o espaço ocupado por determinado elemento sintático que a compõe, seja ele formado por uma, duas, três ou mais palavras.

Se o verbo está num tempo composto ou na voz passiva, o auxiliar, ou seja, a forma conjugada, ocupa o segundo campo, e o particípio passado, ou o infinitivo (ou ainda o prefixo separável em tempos simples), ocupa o campo final da oração. Chamaremos o verbo flexionado de *verbo 1* e de *verbo 2* (quando houver) o particípio, o infinitivo ou o prefixo que ocupar o último campo:

> *Der Junge hat die Zeitung gekauft.*
> O menino comprou o jornal.

O verbo flexionado ocupa o segundo campo numa oração principal. O primeiro campo pode ser ocupado por uma palavra, uma locução ou uma oração.

> *Er **hat** die Zeitung gekauft.*
> Ele comprou o jornal.
>
> *Gestern **hat** er die Zeitung gekauft.*
> Ontem ele comprou o jornal.
>
> *Gestern früh **hat** er die Zeitung gekauft.*
> Ontem de manhã ele comprou o jornal.

Qualquer pronome reflexivo ocupa o campo posterior ao do verbo conjugado, ou seja, vem após o segundo campo.

> *Ich habe **mir** eine Zeitung gekauft.*
> Comprei o jornal (para mim).

A ordem para artigos, adjetivos e substantivos é a mesma que para o inglês, ou seja: artigo + adjetivo + substantivo. Não é possível, portanto, mudar o adjetivo de posição para enfatizá-lo ou lhe conferir um sentido diverso, como ocorre em português.

> *Das **schöne** Mädchen gibt dem **alten** Mann das **neue** Buch.*
> A menina bonita dá o livro novo para o homem velho.

XII - Die Satzstellung/A Ordem Fraseológica

Um complemento acusativo (objeto direto) geralmente é usado após o complemento dativo (objeto indireto), exceto quando o acusativo for um pronome. Note a sequência:

Der Junge schreibt seiner Mutter den Brief.
O jovem escreve a carta para sua mãe.

Er schreibt ihr den Brief.
Ele lhe escreve a carta.

Er schreibt ihn ihr.
Ele a escreve para ela.

Mas o complemento dativo, desde que não seja um pronome, pode ser usado por último, por questão de ênfase:

Er schreibt den Brief seiner Mutter (und nicht seinem Vater).
Ele escreve a carta para sua mãe (e não para seu pai).

Os complementos preposicionados (*Präpositionalergänzung*) tendem a ficar no campo o mais à direita possível:

*Meine Mutter macht sich Sorgen **um meine Zukunft**.*
Minha mãe se preocupa com o meu futuro.

A posição dos advérbios e locuções adverbiais não é fixa. Como regra geral, são usados próximos às palavras a que se referem. Adjuntos adverbiais de tempo ocupam frequentemente o primeiro campo da oração, mas há flexibilidade em seu uso.

> ***Gestern abend** hat er mich angerufen.*
> Ontem à noite ele me telefonou.
>
> *Er hat mich **gestern abend** angerufen.*
> Ele me telefonou ontem à noite.

Os adjuntos adverbiais de lugar também podem ocupar o primeiro campo, quando se pretende enfatizá-los.

> *Ins Kino gehe ich nicht!*
> Ao cinema eu não vou!

Adjuntos adverbiais de modo geralmente são usados no interior da oração, próximos às palavras a que se referem.

Quando há mais do que um advérbio em uso, uma regra prática é lembrar-se desta palavra, formada pela sílaba inicial dos adjuntos adverbiais: **TeKaMoLo**, ou seja: adjuntos temporais (*Temporalungaben*), causais (*Kausal-angaben*), modais (*Modalangaben*) e locais (*Lokalangaben*) são usados preferencialmente nesta sequência.

Um pronome com função de objeto precede todos os advérbios.

XII - Die Satzstellung/A Ordem Fraseológica

Enquanto o segundo campo deve ser ocupado pelo verbo, o primeiro não precisa necessariamente ser do sujeito. As orações principais podem começar com:

>   um advérbio
>   um objeto direto ou indireto
>   uma oração infinitiva
>   um complemento
>   um particípio passado
>   uma locução adverbial
>   uma oração objetiva
>   uma oração subordinada

Atenção: **se não for o sujeito o que inicia a oração, ele vem logo após o verbo**.

Começar uma oração com outro elemento qualquer que não seja o sujeito é muito comum em alemão, mas esse recurso também pode ser usado para se conseguir efeitos especiais: destacar o elemento colocado em primeiro lugar ou enfatizar o sujeito pelo fato de deslocá-lo para outra posição da frase.

As seguintes palavras não provocam a inversão quando usadas no início da oração, embora possa haver algum outro elemento usado após que a torne obrigatória:

> *und, allein, oder, sondern, denn*
> *ja* e *nein* e interjeições: *ach, also, nun*

palavras ou expressões que qualifiquem o sujeito: *nur, sogar, auch* etc.

> ***Nur (sogar, auch)*** *Peter ist zu Hause geblieben.*
> Apenas (até mesmo, também) Peter ficou em casa.

Exemplos de orações absolutas:

sujeito	verbo 1	adjunto adverbial	complemento
Er	kauft	heute	das Buch

adjunto adverbial	verbo 1	sujeito	complemento
Morgen	besuche	ich	meine Schwester

sujeito	verbo 1	pronome	adjunto adverbial	verbo 2
Hans und Inge	haben	ihn	gestern	kennengelernt

complemento	verbo 1	sujeito	adjunto adverbial	complemento	verbo 2
Dir	möchten	wir	morgen	ein Geschenk	geben

complemento	verbo 1	sujeito	adjunto adverbial (tempo)	adjunto adverbial (lugar)
Das Buch	bringe	ich	morgen	zur Schule

XII - Die Satzstellung/A Ordem Fraseológica

ESQUEMAS BÁSICOS

PERÍODO SIMPLES

| CAMPO 1 VARIÁVEL | VERBO 1 | SUJEITO | COMPLE-MENTO | ADJUNTO(S) ADVERBIAL(IS) | COMPLE-MENTO | VERBO 2 |

CAMPO 1 - Pode ser ocupado praticamente por qualquer adjunto adverbial ou complemento verbal, mas é ocupado principalmente pelo sujeito da oração (60% das vezes).

CAMPO 2 - **VERBO 1** - É o verbo (ou parte dele) flexionado.

ÚLTIMO CAMPO - **VERBO 2** - Um infinitivo, particípio ou partícula separável.

TENDÊNCIAS DOS ELEMENTOS ENTRE VERBO 1 E VERBO 2

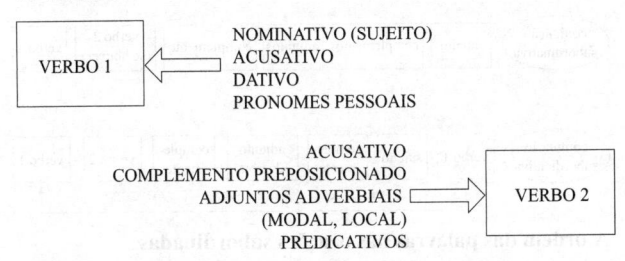

VERBO 1 ⇐ NOMINATIVO (SUJEITO)
ACUSATIVO
DATIVO
PRONOMES PESSOAIS

ACUSATIVO
COMPLEMENTO PREPOSICIONADO
ADJUNTOS ADVERBIAIS
(MODAL, LOCAL)
PREDICATIVOS ⇒ VERBO 2

PERÍODO COMPOSTO POR

A) COORDENAÇÃO
As conjugações coordenadas apenas unem as orações, não interferem na sua estrutura.

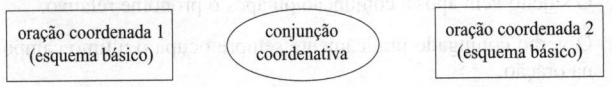

| oração coordenada 1 (esquema básico) | conjunção coordenativa | oração coordenada 2 (esquema básico) |

B) SUBORDINAÇÃO

A conjunção subordinativa <u>desloca</u> o **VERBO 1** da oração subordinada para a última posição, após o **VERBO 2**.

| oração principal (esquema básico) | conjunção subordinativa | oração subordinada - verbo 1 se desloca para a última posição, após o verbo 2 (se houver) |

| conjunção subordinativa | oração subordinada - verbo 1 se desloca para a última posição, após o verbo 2 (se houver) | oração principal - o verbo vem diante do sujeito (inversão, pois a subordinada ocupa o primeiro campo) |

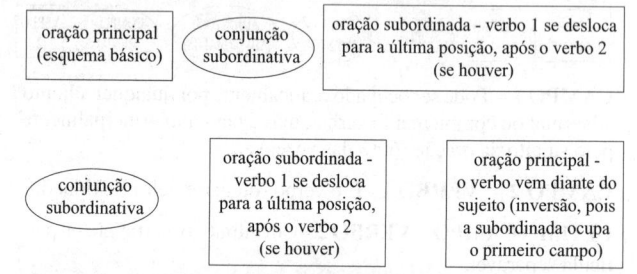

Caso a oração principal venha <u>após</u> a subordinada, ocorre inversão **VERBO 1 - SUJEITO,** pois a subordinada ocupa o **CAMPO 1**.

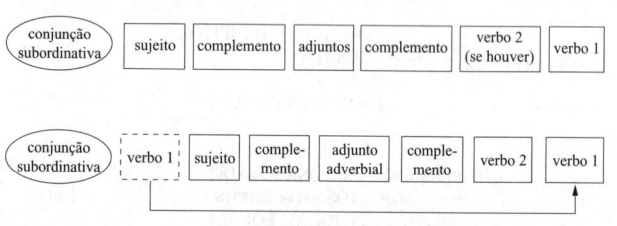

| conjunção subordinativa | sujeito | complemento | adjuntos | complemento | verbo 2 (se houver) | verbo 1 |

| conjunção subordinativa | verbo 1 | sujeito | complemento | adjunto adverbial | complemento | verbo 2 | verbo 1 |

A ordem das palavras nas orações subordinadas

Uma oração subordinada pode ser introduzida por:
— um pronome relativo (veja: **pronomes relativos**).
— uma conjunção subordinativa (veja: **conjunções subordinativas** e **orações subordinadas**).

O sujeito vem após a conjunção ou após o pronome relativo.

O verbo conjugado praticamente sempre ocupa o último campo na oração.

XII - Die Satzstellung/A Ordem Fraseológica

Exceções:

a) numa subordinada com *wenn*, quando este é omitido. Nesse caso, o verbo ocupará o primeiro campo da oração, ocorrendo a inversão verbo-sujeito:

> *Wenn du nicht kommst, fahre ich ohne dich.*
> Se você não vier (caso você não venha), vou sem você.
> = *Kommst du nicht, fahre ich ohne dich.*

b) numa subordinada em que o *dass* é omitido, não haverá inversão do sujeito nem o verbo vai para o final:

> *Ich glaube, dass er das schon erledigt hat.*
> Acho que ele já resolveu isso.
> = *Ich glaube, er hat das schon erledigt.*

c) quando se usa *als* com o sentido de *als ob*, há inversão do sujeito:

> *Er hat viel Geld verschwendet, als wäre er reich*
> (= *als ob er reich wäre*).
> Ele esbanjou muito dinheiro, como se fosse rico.

Os outros elementos da oração obedecem à mesma ordem da oração principal, mas todos os elementos ficam entre o sujeito e o verbo conjugado.

Caso haja uma oração subordinada intercalada na outra, ambas obedecem às regras para orações subordinadas.

> *Wenn die Frauen, die du dort siehst, etwas möchten, hätten sie das schon gesagt.*
>
> Se as mulheres que você está vendo ali quisessem algo, elas já teriam dito.

Atenção: o verbo conjugado normalmente ocupa o segundo campo numa oração principal ou inicial e o último campo numa oração subordinada.

Alguns esquemas para orações subordinadas:

conjunção	sujeito	adjunto	complemento	verbo 2	verbo 1
Wenn	*er*	*gestern*	*meine Schwester*	*geholt*	*hätte...*

conjunção	sujeito	complemento dativo	adjunto	complemento acusativo	verbo 1
Als	*ich und Inge*	*dir*	*gestern*	*das Geschenk*	*gaben...*

XII - Die Satzstellung/A Ordem Fraseológica

> **OBSERVAÇÃO**
>
> Quando a oração principal vem após a subordinada, o verbo conjugado a inicia, sendo seguido pelo sujeito, ou seja, há inversão verbo-sujeito. Isso ocorre porque a oração subordinada ocupa o primeiro campo (veja também pág. 180).
>
> Exemplo:
>
> *Als er ankam, **klingelte** das Telefon.*
> Quando ele chegou, o telefone estava tocando.

A ordem das palavras no imperativo

O imperativo em alemão é formado com a inversão do sujeito, quando este é enunciado:

Bring mir die Tasche! (singular)
Traga-me a bolsa!

Bringt mir die Tasche! (plural)
Tragam-me a bolsa!

Bringen Sie mir die Tasche! (formal)
Traga-me / tragam-me a bolsa!

Com verbos reflexivos, o pronome reflexivo vem imediatamente após o verbo conjugado, ou após o sujeito, quando este é mencionado:

> *Wasch dir die Hände!*
> Lave as mãos!
>
> *Wascht euch die Hände!*
> Lavem as mãos!
>
> *Waschen Sie sich die Hände!*
> Lave / lavem as mãos!

Com verbos separáveis, a partícula separável ocupará o último lugar na frase (posição do verbo 2):

> *Mach die Tür auf!*
> Abra a porta!
>
> *Macht die Tür auf!*
> Abram a porta!
>
> *Machen Sie die Tür auf!*
> Abra / abram a porta!

Com verbos reflexivos separáveis, aplicam-se as duas regras acima mencionadas:

> *Stell dir vor!*
> Imagine!

> *Stellt euch vor!*
> Imaginem!
>
> *Stellen Sie sich vor!*
> Imagine / imaginem!

Posição das palavras no discurso direto e indireto

O verbo que introduz o discurso indireto (ele disse, ela afirmou) deve ser invertido quando se encontrar intercalado na frase.

> *"Das mache ich nicht",* **sagte** *er, als er mich sah.*
> "Isso eu não faço", disse ele quando me viu.

A posição do verbo no discurso indireto depende do uso ou não da conjunção *dass*.

> *Er sagte, er* **kommt** *morgen.*
> Ele disse que vem amanhã.
> *Er sagte, dass er morgen* **kommt**.

Posição das palavras com o uso de verbos com prefixos separáveis

Em orações principais ou absolutas, o verbo e o prefixo são separados nos tempos simples e nas formas imperativas.

> *Er* **brachte** *das Buch* **zurück**.
> Ele trouxe o livro de volta.

> *Mach das Licht aus!*
> Apague a luz!

Em tempos compostos ou com modais nas orações principais e em todas as subordinadas, o verbo e seu prefixo permanecem unidos no fim da oração.

> *Sie ist **hingefallen**.*
> Ela caiu.

> *Sie sollen die Tür **zumachen**.*
> O senhor deve fechar a porta.

> *Er sagte, dass er mich um neun Uhr **abholt**.*
> Ele disse que vai me buscar às nove horas.

Numa oração infinitiva, o verbo e o prefixo são unidos por "*zu*" e colocados no fim da oração.

> *Sie hat versprochen, uns **mitzunehmen**.*
> Ela prometeu nos levar junto.

Frases interrogativas

a) Perguntas diretas

Em alemão, uma pergunta direta é formada simplesmente pela inversão entre verbo e sujeito.

> *Spricht er Deutsch?*
> Ele fala alemão?

XII - Die Satzstellung/A Ordem Fraseológica

Caso seja usado um pronome interrogativo, ele precede o verbo. O sujeito vem após o verbo (exceto, claro, quando o pronome interrogativo for o sujeito da oração).

Kommt er morgen?
Ele vem amanhã?

***Wann** kommt er?*
Quando ele vem?

***Wer** kommt morgen?*
Quem virá (vem) amanhã?

Em tempos compostos o particípio passado ou o infinitivo continua a ocupar o último campo da oração.

*Hat er das wirklich **gesagt**?*
Ele disse isso realmente?

*Was hat er **gesagt**?*
O que ele disse?

Uma afirmação pode ser transformada em interrogação pela adição de *nicht, nicht wahr, oder* ou *doch,* como o que ocorre com o "não é?" em português:

Du wirst morgen kommen, nicht wahr?
Você vem amanhã, não é?

Perguntas desse tipo normalmente esperam um *ja* ou *nein* como resposta.

Quando uma pergunta é feita na negativa, *doch* é usado na resposta afirmativa:

> *Liebst du mich nicht?*
> Você não me ama?
> *Doch!*
> Mas claro que sim!

b) Perguntas indiretas

São perguntas que seguem um verbo como "ele perguntou" ou "ele quis saber". O verbo vem no fim da pergunta indireta, pois essa oração passa a ser uma subordinada, seguindo as regras de qualquer oração subordinada:

> *Er möchte wissen, wann sie **kommt**.*
> Ele queria saber quando ela vem.

Negativas

Uma oração afirmativa ou uma pergunta são colocadas na negativa com a adição de *nicht* (não) ou *nie* (nunca):

> *Er kennt sie nicht.*
> Ele não a conhece.

> *Ich war nie in Berlin.*
> Nunca estive em Berlim.

XII - Die Satzstellung/A Ordem Fraseológica

A negativa pode ser colocada próximo à palavra ou ao grupo de palavras a que se refere. O sentido negativo pode alternar de um elemento da sentença para outro deste modo:

> *Er hatte das Buch nicht gekauft.*
> Ele *não tinha comprado* o livro.

> *Er hatte nicht das Buch gekauft (sondern das Heft).*
> Ele não tinha comprado *o livro* (mas sim o caderno).

Quando *nicht* vem diante da segunda parte de um verbo (verbo 2, ou seja, um particípio, um infinitivo), toda a sentença é negada:

> *Heute kann ich länger als eine Stunde nicht bleiben.*
> Hoje não posso ficar mais do que uma hora.

Em orações com apenas um verbo, *nicht* pode vir no final da frase ou antes do prefixo separável, se for o caso:

> *Er hilft mir **nicht**. Heute kaufe ich **nicht** ein.*
> Ele não vai me ajudar. Hoje não vou fazer compras.

Nicht vem antes do verbo conjugado quando negamos uma oração subordinada:

> *Ich weiß, dass er mit Maria nach Santos **nicht** fährt.*
> Sei que ele não vai viajar para Santos com a Maria.

Nie pode ser colocado no início de uma sentença para adicionar ênfase, ocorrendo nesse caso a inversão sujeito-verbo:

> ***Nie** werde ich dieses Auto kaufen!*
> Nunca vou comprar esse carro!

Nicht vem no final de um imperativo negativo, exceto quando se trata de um verbo separável, caso em que este precede o prefixo:

> *Trinken Sie das Bier **nicht**!*
> Não beba a cerveja!

> *Machen Sie das Fenster **nicht** auf!*
> Não abra a janela!

A combinação *nicht ein* é usualmente substituída por *kein*:

> *Ist **kein** Plätzchen übriggeblieben?*
> Não sobrou nenhuma bolacha?

> *Er trinkt **keinen** Kaffee.*
> Ele não toma café.

Mas atenção: quando o substantivo a ser negado é anteposto, a negativa é com *nicht*!

> *Kaffee trinkt er nicht.*
> Café ele não toma.

XII - Die Satzstellung/A Ordem Fraseológica

A negação de *entweder/oder... oder* (ou... ou) é *weder... noch* (nem... nem):

> *Ich habe weder Zeit noch Geld, um ins Kino zu gehen.*
> Não tenho nem tempo nem dinheiro para ir ao cinema.

doch (veja: **partículas enfáticas**) é usado no lugar de *ja* para contradizer uma oração negativa:

> *Hast du dein Bett nicht gemacht? Doch! Ich habe es gemacht!*
> Você não arrumou sua cama? Arrumei, sim!

Uma comparação na negativa é feita com *nicht... sondern* (não... mas). Essa construção é usada para corrigir uma impressão prévia ou ideia falsa:

> *Nicht Maria, sondern Anne hat das gemacht.*
> Não foi Maria, mas sim Anne quem fez isso.

Atente para a negação com *noch*:

> *Kommt er **noch**? Nein, er kommt **nicht mehr**.*
> Ele ainda vem? Não, ele não vem mais.

> *Hast du **noch** Geld? Nein, ich habe **kein** Geld **mehr**.*
> Você ainda tem dinheiro? Não, não tenho mais (nenhum).

> *Kaufst du **noch etwas**? Nein, heute kaufe ich **nichts mehr**.*
> Você ainda vai comprar alguma coisa? Não, hoje não vou comprar mais nada.

XIII - DIE ZEICHENSETZUNG INTERPUNKTION
(A PONTUAÇÃO)

Mencionaremos neste capítulo apenas os casos de pontuação diferentes do português e que podem causar dúvida.

das Komma / a vírgula

- As orações subordinadas sempre são separadas por vírgulas:

    Während ich las, spielte sie Klavier.
    Enquanto eu lia, ela tocava piano.

- Não há necessidade de usar vírgula entre orações coordenadas:

    Er hat ein neues Auto gekauft und ist direkt nach Berlin gefahren.
    Ele comprou um carro novo e viajou direto para Berlim.

- Usamos vírgula diante de orações infinitivas apenas quando ela facilita a compreensão (uso facultativo), mas nunca quando *zu* + infinitivo é usado sem complemento:

    Sie ging weg, ohne ihrer Mutter zu helfen.
    Ela foi embora, sem ajudar sua mãe.

Er hat versprochen anzurufen.
Ele prometeu telefonar.

das Ausrufungszeichen / a exclamação

- O ponto de exclamação pode ocasionalmente aparecer após um nome no início de uma carta, mas esse uso é considerado ultrapassado. Modernamente usa-se a vírgula.

- A exclamação é usada após um imperativo, exceto quando este não tem intenção de ser uma ordem.

das Anführungszeichen / as aspas

- As aspas são usadas no discurso direto, como ocorre também em português, mas a aspa introdutória em alemão vem abaixo da primeira palavra, enquanto a final vem acima:

    Anne sagte: "Mein Bein tut weh".
    Anne disse: "Minha perna está doendo".

das Trennungszeichen / o traço de união

- O traço de união é bastante usado para se evitar a repetição de uma parte de um termo composto em uma enumeração:

    Haupt- und Nebensatz, Demonstrativ- und Indefinitpronomen
    Oração principal e subordinada, pronome demonstrativo e indefinido

ANHANG
(APÊNDICE)

Falsche Freunde / Falsos cognatos

Embora as línguas portuguesa e alemã pareçam em princípio muito diferentes uma da outra, não são raros os casos de falsos cognatos, que podem nos induzir a erros de compreensão. Sem qualquer intenção de esgotarmos o assunto (que é inclusive tema de livros), selecionamos uma pequena amostra de alguns exemplos curiosos:

die Tapete = o papel de parede
die Karte = o cartão
die Dose = a lata

die Mappe = a pasta, o estojo
der Gatte = o marido
die Billion = o trilhão
die Trillion = o quatrilhão
der Dom = a catedral

die Brille = os óculos
die Flaute = a calmaria
die Delikatesse = a iguaria

die Post = o correio, a correspondência

o tapete = *der Teppich*
a carta = *der Brief*
a dose = *die Dosis, die Portion*
o mapa = *die Landkarte*
o gato = *die Katze*
o bilhão = *die Milliarde*
o trilhão = *die Billion*
o dom = *die Gabe, die Begabung*
o brilho = *der Glanz*
a flauta = *die Flöte*
a delicadeza = *die Zartheit, die Feinheit*
o poste = *der Pfosten*

die Marmelade = a geleia	a marmelada = *das Quittenkompott*
der Kompass = a bússola	o compasso = *der Zirkel*
der Rat = o conselho	o rato = *die Maus*
die Bilanz = o balanço (econ.)	o balanço (brinq.) = *die Schaukel*
der Bulle = o touro, o policial (gíria)	o bule = *die Kanne*
der/das Bonbon = a bala	o bombom = *die Praline*
das Sekret = a secreção	o segredo = *das Geheimnis*
der Konkurs = a falência	o concurso = *der Wettbewerb*
die Bagage = a ralé, gentalha	a bagagem = *das Gepäck*
die Villa = o palacete, a mansão	a vila = *das Dorf, die Ortschaft*
der Krimi = o filme policial	o crime = *das Verbrechen*
das Konzept = o esboço, o plano	o conceito = *der Begriff*

e ainda:

komisch = esquisito	cômico = *lächerlich*
demonstrieren = manifestar (participar de passeata)	demonstrar = *beweisen, zeigen*
revidieren = revisar, rever	revidar = *erwidern*
passieren = acontecer	passar = *verbringen, vergehen, vorbeigehen*

Wie spät ist es?/Que horas são?

Podemos perguntar as horas de duas maneiras diferentes:

> *Wie spät ist es?*
> *Wieviel Uhr ist es?*
> Que horas são?

A resposta será precedida pela forma invariável

> *Es ist...*
> São...

Há um modo oficial de dizer as horas igual ao utilizado em português pelos meios de comunicação e outro, coloquial, com algumas variações.

A forma oficial considera o dia de vinte e quatro horas, enquanto na forma coloquial dá-se preferência ao ciclo de doze horas mais o uso de advérbios para indicar se nos referimos ao dia ou à noite:

> 23:05 *Es ist dreiundzwanzig Uhr fünf (Minuten).*
> São vinte e três horas e cinco minutos.
> coloquial: *es ist fünf nach elf nachts.*
> São onze e cinco da noite.

forma oficial	**forma coloquial**
00:00 *null Uhr/ vierundzwanzig Uhr*	*zwölf Uhr Mitternacht*
00:10 *null Uhr zehn*	*zehn (Minuten) nach zwölf*
00:15 *null Uhr fünfzehn*	*Viertel nach zwölf / Viertel eins (regional)*
00:30 *null Uhr dreißig*	*halb eins*
00:40 *null Uhr vierzig*	*zwanzig (Minuten) vor eins*
00:45 *null Uhr fünfundvierzig*	*Viertel vor eins / dreiviertel eins (regional)*
01:00 *ein Uhr*	*ein Uhr*
01:10 *ein Uhr zehn*	*zehn (Minuten) nach eins*
01:15 *ein Uhr fünfzehn*	*Viertel nach eins / Viertel zwei (regional)*
01:30 *ein Uhr dreißig*	*halb zwei*
01:40 *ein Uhr vierzig*	*zwanzig (Minuten) vor zwei*
01:45 *ein Uhr fünfundvierzig*	*Viertel vor zwei / dreiviertel zwei (regional)*
01:50 *ein Uhr fünfzig*	*zehn (Minuten) vor zwei*
12:00 *zwölf Uhr*	*Mittag*
12:25 *zwölf Uhr fünfundzwanzig*	*fünf vor halb eins*
12:35 *zwölf Uhr fünfunddreißig*	*fünf nach halb eins*
17:30 *siebzehn Uhr dreißig*	*halb sechs*
22:00 *zweiundzwanzig Uhr*	*zehn Uhr*

Alguns exemplos de variações:

morgen um halb zwei (zwo)
amanhã à uma e meia

um drei Uhr (nachmittags)
às três horas (da tarde)

kurz vor elf (Uhr)
um pouco antes das onze

gegen sieben Uhr
por volta das sete

erst um halb sechs
não antes das cinco e meia

ab acht Uhr
a partir das oito horas

morgen früh / abend
amanhã cedo / à noite

Der Kalender / O calendário

Die Woche - Der Monat / A semana - O mês

Tanto os dias da semana quanto os meses são palavras masculinas em alemão.

dias da semana:

der Sonntag	domingo
der Montag	segunda-feira
der Dienstag	terça-feira
der Mittwoch	quarta-feira
der Donnerstag	quinta-feira
der Freitag	sexta-feira
der Samstag	sábado
(*der Sonnabend*)	
der Januar	janeiro
der Februar	fevereiro
der März	março
der April	abril
der Mai	maio
der Juni	junho
der Juli	julho
der August	agosto
der September	setembro
der Oktober	outubro
der November	novembro
der Dezember	dezembro

Anhang/Apêndice

Das Datum / A data

Para sabermos a data, perguntamos:

> *Der wievielte ist heute?*
> Que dia é hoje?

> *Welches Datum haben wir heute?*
> Que data temos hoje? (Qual a data de hoje?)

A data em alemão é dada em número ordinal, que se declina dependendo do caso em que se encontra. O numeral poderá estar no nominativo, no acusativo ou no dativo.

Nominativo:

> *Heute ist...*   (Hoje) É...
> *der dreizehnte März*   treze de março
> *der elfte*   dia onze

Acusativo:

> *Heute haben wir...*
> *den dreizehnten März*
> *den elften*

Dativo:

Am wievielten findet es statt?   Em que dia (quando) vai ser?

Es findet am zweiten Oktober statt.   No dia dois de outubro.

Es findet am dritten statt. (No) Dia três.

Es findet am Dienstag, dem vierten (dem 4.) Mai, statt.

Vai ser na terça-feira, dia quatro de maio.

Anos

Em alemão há duas formas de nos referirmos a um ano: com o uso da expressão *im Jahr(e)* ou diretamente, sem o uso de qualquer preposição:

> *(Im Jahre)* 1954 *(neunzehnhundertvierundfünfzig)*
> (No ano de) Em 1954

> *Er wurde* 1973 (*neunzehnhundertdreiundsiebzig*) *geboren.*
> Ele nasceu em 1973.

Lê-se primeiro o número formado pelos dois primeiros algarismos (ou pelo primeiro, caso o ano seja inferior a 1000) e acrescenta-se *hundert*, ou seja, diz-se em alemão doze centos, dezenove centos, caso estejamos nos referindo respectivamente ao ano mil duzentos... ou mil novecentos... A seguir leem-se normalmente os dois últimos algarismos.

Expressões de tempo

As expressões de tempo podem ser usadas no **acusativo**, caso em que não são precedidas de preposição, ou no **dativo**. Com dias da semana ou partes do dia, a preposição usada é *an*; com semanas, meses ou anos, *in*.

Am Morgen / Abend	de manhã, de noite
Am Dienstag / Sonntag	na terça-feira, no domingo
Im Februar / April	em fevereiro, em abril
Im Frühling / Sommer / Herbst / Winter	na primavera / no verão / no outono / no inverno
Anfang November	no começo de novembro
nächstes Jahr / in dem nächsten Jahr	no ano que vem
letzte Woche / in der letzten Woche	na semana passada

Exceção: *in der Nacht* (à noite, durante a noite).

> **OBSERVAÇÃO**
>
> Certas expressões de tempo formadas por preposição + substantivo podem ser substituídas por um advérbio formado pelo substantivo acrescido de *-s: am Abend = abends; am Mittwoch = mittwochs*. Note que esses advérbios dão uma ideia de repetição: *abends* tem o significado de todas as noites.

Lista de verbos fortes e mistos

A primeira forma corresponde ao infinitivo do verbo; a segunda, entre parênteses, à terceira pessoa do singular do presente (caso não seja mencionada é porque se conjuga regularmente no presente); a terceira, à do imperfeito; a quarta, à do perfeito do indicativo. Seguem-se a forma da terceira pessoa do singular do presente do subjuntivo e a tradução (apenas uma ou duas das possíveis!).

Infinitivo	Imperfeito	Perfeito	Subjuntivo	Tradução
backen (bäckt)	backte	hat gebacken	backte	assar
befehlen (befiehlt)	befahl	hat befohlen	befähle	ordenar
beginnen	begann	hat begonnen	begänne	começar
beißen	biss	hat gebissen	bisse	morder
bergen (birgt)	barg	hat geborgen	bärge	resgatar
bersten (birst)	barst	hat geborsten	bärste	arrebentar
betrügen	betrog	hat betrogen	betröge	enganar
biegen	bog	hat/ist gebogen	böge	curvar

Anhang/Apêndice

Infinitivo	Imperfeito	Perfeito	Subjuntivo	Tradução
bieten	*bot*	*hat geboten*	*böte*	oferecer
binden	*band*	*hat gebunden*	*bände*	atar
bitten	*bat*	*hat gebeten*	*bäte*	pedir
blasen (bläst)	*blies*	*hat geblasen*	*bliese*	assoprar
bleiben	*blieb*	*ist geblieben*	*bliebe*	permanecer
braten (brät)	*briet*	*hat gebraten*	*briete*	fritar
brechen (bricht)	*brach*	*hat/ist gebrochen*	*bräche*	quebrar
brennen	*brannte*	*hat gebrannnt*	*brennte*	queimar
bringen	*brachte*	*hat gebracht*	*brächte*	trazer
denken	*dachte*	*hat gedacht*	*dächte*	pensar
dreschen (drischt)	*drosch*	*hat gedroschen*	*drösche*	debulhar
dringen	*drang*	*hat gedrungen*	*dränge*	penetrar
dürfen (darf)	*durfte*	*hat gedurft*	*dürfte*	ter permissão
empfehlen (empfiehlt)	*empfahl*	*hat empfohlen*	*empfähle*	recomendar
erlöschen (erlischt)	*erlosch*	*ist erloschen*	*erlösche*	extinguir
erschallen	*erschallte*	*ist erschollen*	*erschölle*	ressoar
erschrecken (erschrickt)	*erschrak*	*ist erschrocken*	*erschräke*	assustar
erwägen	*erwog*	*hat erwogen*	*erwöge*	ponderar
essen (isst)	*aß*	*hat gegessen*	*äße*	comer
fahren (fährt)	*fuhr*	*ist/hat gefahren*	*führe*	ir, viajar
fallen (fällt)	*fiel*	*ist gefallen*	*fiele*	cair
fangen (fängt)	*fing*	*hat gefangen*	*finge*	agarrar
fechten (ficht)	*focht*	*hat gefochten*	*föchte*	esgrimir
finden	*fand*	*hat gefunden*	*fände*	encontrar
fliegen	*flog*	*hat/ist geflogen*	*flöge*	voar
fliehen	*floh*	*hat/ist geflohen*	*flöhe*	fugir
fließen	*floss*	*ist geflossen*	*flösse*	fluir
fressen (frisst)	*fraß*	*hat gefressen*	*fräße*	devorar
frieren	*fror*	*hat/ist gefroren*	*fröre*	gelar
gebären	*gebar*	*hat geboren*	*gebäre*	parir
geben (gibt)	*gab*	*hat gegeben*	*gäbe*	dar
gedeihen	*gedieh*	*ist gediehen*	*gediehe*	prosperar
gehen	*ging*	*ist gegangen*	*ginge*	ir

Infinitivo	Imperfeito	Perfeito	Subjuntivo	Tradução
gelingen	gelang	hat gelungen	gelänge	ter êxito
gelten (gilt)	galt	hat gegolten	gälte	valer
genesen	genas	ist genesen	genäse	sarar
genießen (genießt)	genoss	hat genossen	genösse	desfrutar
geraten (gerät)	geriet	ist geraten	geriete	atingir
geschehen (geschieht)	geschah	ist geschehen	geschähe	acontecer
gewinnnen	gewann	hat gewonnen	gewönne	vencer
gießen	goss	hat gegossen	gösse	verter (líquido)
gleichen	glich	hat geglichen	gliche	igualar
gleiten	glitt	ist geglitten	glitte	deslizar
glimmen	glomm	hat geglommen	glömme	bruxulear
graben (gräbt)	grub	hat gegraben	grübe	enterrar
greifen	griff	hat gegriffen	griffe	agarrar
haben (hat)	hatte	hat gehabt	hätte	ter
halten (hält)	hielt	hat gehalten	hielte	segurar, parar
hängen	hing	hat gehangen	hinge	estar pendurado
heben	hob	hat gehoben	höbe	içar
heißen	hieß	hat geheißen	hieße	chamar
helfen (hilft)	half	hat geholfen	hülfe	ajudar
kennen	kannte	hat gekannt	kennte	conhecer
klingen	klang	hat geklungen	klänge	soar
kommen	kam	ist gekommen	käme	vir
kneifen	kniff	hat gekniffen	kniffe	beliscar
können (kann)	konnte	hat gekonnt	könnte	poder
kriechen	kroch	ist gekrochen	kröche	rastejar
laden (lädt)	lud	hat geladen	lüde	carregar
lassen (lässt)	ließ	hat gelassen	ließe	deixar, mandar
laufen (läuft)	lief	ist gelaufen	liefe	correr, andar
leiden	litt	hat gelitten	litte	sofrer
leihen	lieh	hat geliehen	liehe	emprestar
lesen	las	hat gelesen	läse	ler
liegen	lag	hat gelegen	läge	estar deitado
lügen	log	hat gelogen	löge	mentir

Anhang/Apêndice

Infinitivo	Imperfeito	Perfeito	Subjuntivo	Tradução
mahlen	*mahlte*	*hat gemahlen*	*mahlte*	moer
messen (misst)	*maß*	*hat gemessen*	*mäße*	medir
misslingen	*misslang*	*ist misslungen*	*misslänge*	falhar
mögen (mag)	*mochte*	*hat gemocht*	*möchte*	gostar
müssen (muss)	*musste*	*hat gemusst*	*müßte*	precisar, ter de
nehmen (nimmt)	*nahm*	*hat genommen*	*nähme*	pegar, tomar
nennen	*nannte*	*hat genannt*	*nennte*	denominar
pfeifen	*pfiff*	*hat gepfiffen*	*pfiffe*	assobiar
preisen	*pries*	*hat gepriesen*	*priese*	elogiar
quellen (quillt)	*quoll*	*ist gequollen*	*quölle*	brotar (água)
raten (rät)	*riet*	*hat geraten*	*riete*	aconselhar
reiben	*rieb*	*hat gerieben*	*riebe*	esfregar, ralar
reißen	*riß*	*hat/ist gerissen*	*risse*	rasgar
reiten	*ritt*	*hat/ist geritten*	*ritte*	cavalgar
rennen	*rannnte*	*ist gerannt*	*rennte*	correr
riechen	*roch*	*hat gerochen*	*röche*	cheirar
ringen	*rang*	*hat gerungen*	*ränge*	lutar
rinnen	*rann*	*ist geronnen*	*ränne*	escorrer
rufen	*rief*	*hat gerufen*	*riefe*	chamar
saufen (säuft)	*soff*	*hat gesoffen*	*söffe*	embriagar-se
saugen	*sog*	*hat gesogen*	*söge*	chupar, mamar
schaffen	*schuf*	*hat geschaffen*	*schüfe*	criar
scheiden	*schied*	*hat/ist geschieden*	*schiede*	separar
scheinen	*schien*	*hat geschienen*	*schiene*	parecer, brilhar
schelten (schilt)	*schalt*	*hat gescholten*	*schölte*	repreender
scheren	*schor*	*hat geschoren*	*schöre*	tosar
schieben	*schob*	*hat geschoben*	*schöbe*	impelir
schlafen (schläft)	*schlief*	*hat geschlafen*	*schliefe*	dormir
schlagen (schlägt)	*schlug*	*hat geschlagen*	*schlüge*	bater
schleichen	*schlich*	*ist geschlichen*	*schliche*	arrastar-se
schleifen	*schliff*	*hat geschliffen*	*schliffe*	afiar
schließen	*schloß*	*hat geschlossen*	*schlösse*	fechar
schlingen	*schlang*	*hat geschlungen*	*schlänge*	atar

Infinitivo	Imperfeito	Perfeito	Subjuntivo	Tradução
schmeißen	*schmiß*	*hat geschmissen*	*schmisse*	atirar
schmelzen (schmilzt)	*schmolz*	*hat/ist geschmolzen*	*schmölze*	fundir
schneiden	*schnitt*	*hat geschnitten*	*schnitte*	cortar
schreiben	*schrieb*	*hat geschrieben*	*schriebe*	escrever
schreien	*schrie*	*hat geschri(e)en*	*schriee*	gritar
schreiten	*schritt*	*ist geschritten*	*schritte*	caminhar
schweigen	*schwieg*	*hat geschwiegen*	*schwiege*	calar
schwellen (schwillt)	*schwoll*	*ist geschwollen*	*schwölle*	inchar
schwimmen	*schwam*	*hat/ist geschwommen*	*schwömme*	nadar
schwingen	*schwang*	*hat geschwungen*	*schwänge*	balançar
schwören	*schwor*	*hat geschworen*	*schwüre*	jurar
sehen (sieht)	*sah*	*hat gesehen*	*sähe*	ver
sein (ist)	*war*	*ist gewesen*	*wäre*	ser, estar
senden	*sand*	*hat gesandt*	*sendete*	enviar
singen	*sang*	*hat gesungen*	*sänge*	cantar
sinken	*sank*	*hat gesunken*	*sänke*	baixar, afundar
sinnen	*sann*	*hat gesonnen*	*sänne*	meditar
sitzen	*saß*	*hat gesessen*	*säße*	estar sentado
sollen (soll)	*sollte*	*hat gesollt*	*sollte*	dever
speien	*spie*	*hat gespieen*	*spiee*	cuspir
spinnen	*spann*	*hat gesponnen*	*spönne*	fiar, pirar
sprechen (spricht)	*sprach*	*hat gesprochen*	*spräche*	falar
sprießen	*sproß*	*ist gesprossen*	*sprösse*	brotar
springen	*sprang*	*ist gesprungen*	*spränge*	saltar
stechen (sticht)	*stach*	*hat gestochen*	*stäche*	picar
stehen	*stand*	*hat gestanden*	*stünde*	estar (de pé)
stehlen (stiehlt)	*stahl*	*hat gestohlen*	*stähle*	roubar
steigen	*stieg*	*ist gestiegen*	*stiege*	subir
sterben (stirbt)	*starb*	*ist gestorben*	*stürbe*	morrer
stinken	*stank*	*hat gestunken*	*stänke*	feder
stoßen (stößt)	*stieß*	*hat/ist gestoßen*	*stieße*	empurrar
streichen	*strich*	*hat/ist gestrichen*	*striche*	riscar
streiten	*stritt*	*hat gestritten*	*stritte*	brigar

Infinitivo	Imperfeito	Perfeito	Subjuntivo	Tradução
tragen (trägt)	*trug*	*hat getragen*	*trüge*	carregar
treffen (trifft)	*traf*	*hat getroffen*	*träfe*	encontrar
treiben	*trieb*	*hat getrieben*	*triebe*	impelir
treten (tritt)	*trat*	*hat/ist getreten*	*träte*	entrar
trinken	*trank*	*hat getrunken*	*tränke*	beber
tun (tut)	*tat*	*hat getan*	*täte*	fazer
verderben (verdirbt)	*verdarb*	*hat/ist verdorben*	*verdürbe*	estragar
verdrießen	*verdroß*	*hat verdrossen*	*verdrösse*	irritar
vergessen (vergißt)	*vergaß*	*hat vergessen*	*vergäße*	esquecer
verlieren	*verlor*	*hat verloren*	*verlöre*	perder
vermeiden	*vermied*	*hat vermieden*	*vermiede*	evitar
verschwinden	*verschwand*	*ist verschwunden*	*verschwände*	desaparecer
verzeihen	*verzieh*	*hat verziehen*	*verziehe*	desculpar
wachsen (wächst)	*wuchs*	*ist gewachsen*	*wüchse*	crescer
waschen (wäscht)	*wusch*	*hat gewaschen*	*wüsche*	lavar
weichen	*wich*	*hat gewichen*	*wiche*	ceder
weisen	*wies*	*hat gewiesen*	*wiese*	mostrar
wenden	*wandte*	*hat gewandt*	*wendete*	virar
werben (wirbt)	*warb*	*hat geworben*	*würbe*	anunciar
werden (wird)	*wurde*	*ist geworden*	*würde*	tornar-se
werfen (wirft)	*warf*	*hat geworfen*	*würfe*	lançar
wiegen	*wog*	*hat gewogen*	*wöge*	pesar
winden	*wand*	*hat gewunden*	*wände*	torcer
wissen (weiß)	*wußte*	*hat gewußt*	*wüßte*	saber
wollen (will)	*wollte*	*hat gewollt*	*wollte*	querer
ziehen	*zog*	*hat gezogen*	*zöge*	puxar
zwingen	*zwang*	*hat gezwungen*	*zwänge*	forçar

Provérbios e ditos populares

Os provérbios e ditos populares fazem parte da tradição oral de um povo e refletem sua mentalidade. Compilamos alguns dos mais comuns na língua alemã, acrescidos de seu correspondente em português ou, por vezes, de uma tradução aproximada.

Aller Anfang ist schwer.
Todo começo é difícil.

Alte Liebe rostet nicht.
Um amor antigo é para sempre.

Am Abend wird der Faule fleißig.
À noite todos os gatos são pardos.

Bei Gott ist kein Ding unmöglich.
Para Deus nada é impossível.

Besser reich und gesund als arm und krank.
Antes rico e saudável do que pobre e doente.

Böse Beispiele verderben gute Sitten.
Maus exemplos corrompem bons costumes.

Das Rad der Zeit hält niemand auf.
É impossível parar o tempo.

Der Spatz in der Hand ist besser als die Taube auf dem Dach.
Mais vale um pássaro na mão do que dois voando.

Der Weg zur Hölle ist mit guten Vorsätzen gepflastert.
O caminho para o inferno está cheio de boas intenções.

Die Kleinen hängt man, die Großen lässt man laufen.
O tubarão sempre escapa da rede.

Die Stirne kühl, die Füße warm, das macht den reichsten Doktor arm.
A testa fria e os pés aquecidos empobrecem o mais rico dos médicos.

Die Zeit heilt alle Wunden.
O tempo cura todas as feridas.

Die Zeit ist der beste Arzt.
O tempo é o melhor remédio.

Doppelt gibt, wer schnell gibt.
Quem dá depressa dá duas vezes.

Eifersucht ist eine Leidenschaft, die mit Eifer sucht, was Leiden schaft.
O ciúme é uma paixão que busca com ansiedade o que traz sofrimento.

Eile mit Weile.
Devagar se vai ao longe.

Eine blinde Henne findet auch ein Korn.
Uma galinha cega também encontra o milho.

Ende gut, alles gut.
Tudo está bem quando acaba bem.

Es ist noch kein Meister vom Himmel gefallen.
O saber não cai do céu.

Gelegenheit macht Diebe.
A ocasião faz o ladrão.

Gesundheit ist das höchste Gut.
Saúde é o bem mais precioso.

Gleich und gleich gesellt sich gern.
Diga-me com quem andas e dir-te-ei quem és.

Hunde, die bellen, beißen nicht.
Cão que ladra não morde.

Irren ist menschlich.
Errar é humano.

Jedermanns Freund ist niemands Freund.
Quem é amigo de todos não é amigo de ninguém.

Kinder und Narren sagen die Wahrheit.
Crianças e tolos sempre dizem a verdade.

Kommt Zeit - kommt Rat.
O tempo é o melhor conselheiro.

Liebe ist die beste Medizin.
O amor é o melhor remédio.

Lügen haben kurze Beine.
A mentira tem pernas curtas.

Man soll den Tag nicht vor dem Abend loben.
Não se deve louvar o dia antes que chegue a noite.

Mit großen Herren ist nicht gut Kirschen essen.
Não se deve brincar com os poderosos.

Nach getaner Arbeit ist gut ruhn.
Trabalho feito, descanso merecido.

Neue Besen kehren gut.
Vassouras novas varrem bem.

Probieren geht über Studieren.
Experimentar é melhor que estudar.

Reden ist Silber - Schweigen ist Gold.
Falar é prata, calar é ouro.

Schlafende Hunde soll man nicht wecken.
Não se deve acordar o cão adormecido.

Steter Tropfen höhlt den Stein.
Água mole em pedra dura tanto bate até que fura.

Überall wird mit Wasser gekocht.
Em toda parte se cozinha com água (em toda parte é igual).

Viele Köche verderben den Brei.
Muitos cozinheiros estragam o mingau.

Voller Bauch studiert nicht gern.
Barriga cheia não gosta de estudar.

Was ein Häckchen werden will, krümmt sich beizeiten.
É de pequenino que se torce o pepino.

Wem nicht zu raten ist, dem ist auch nicht zu helfen.
Quem não ouve conselhos não precisa de ajuda.

Wenn zwei sich zanken, freut sich der Dritte.
Quando dois brigam, o terceiro fica contente.

Wer andern eine Grube gräbt, fällt selbst hinein.
Quem cava uma cova para o outro cai ele mesmo nela.

Wer ernten will, muss säen.
Quem quer colher deve semear.

Wer nicht hören will, muss fühlen.
Quem não quer ouvir tem de sentir.

Wer zuerst kommt, der mahlt zuerst.
Quem chega primeiro come primeiro.

Wer zuletzt lacht, lacht am besten.
Quem ri por último ri melhor.

Wie du mir - so ich dir.
Olho por olho, dente por dente.

Wo Rauch ist, muss auch Feuer sein.
Onde há fumaça há fogo.

Wohltun trägt Zinsen.
A bondade rende juros.

Zeit ist des Zornes Arznei.
O tempo é o remédio da ira.

Zeit ist Geld.
Tempo é dinheiro.

ÍNDICE REMISSIVO

A
aber, 207, 228
abholen, 190
abreviações, 27
Abtönungspartikeln, 207-210
abwarten, 192
acontecer, 189
Adjektiv, 55-67
adjetivo, 25, 55-67
adjetivos pátrios, 62
adjuntos adverbiais, 250
Adverbien, 201-206
advérbios, 201-206, 231
agente da passiva, 137
algo de, 61
alle, 48/97
alles, 50/91
alles, was, 241

als ob, 237
als, 233, 236, 239
also, 231
an, 81, 212, 219
anfahren, 90
Anführungszeichen, 268
anos, 276
Artikel, 43-53
artigo, 43-53
artigo definido, 43-51
artigo indefinido, 51-53
aspas, 268
atributo, 65
atropelar, 190
auch, 135
auf, 81, 212, 220
aus, 213
Ausrufungszeichen, 268

außer, 213, 214
außerhalb, 222

B

begegnen, 191
bei, 81, 212, 214
beide, 48/50
bevor, 233
bis wann, 202
bis, 233
bleiben, 146, 193
bringen, 190
bügeln, 196
buscar, 190

C

calendário, 274
caso, 27-31, 43
chegar, 195
colocar, 198
comparação dos adjetivos, 64
comparação dos advérbios, 204

conhecer, 196
conjunções, 227-241
conjunções coordenativas, 227-231
conjunções subordinativas, 232-241

D

da sein, 195
da-, 93, 213
da, 81/231/237
dabei, 235
daher, 231
danach, 231, 234
dann, 129, 231
dass, 235/240
data, 275-278
deixar, 190
denn, 207/228/237
derjenige, 27
derselbe, 87
deswegen, 231

dieser, 48, 98
diesseits, 222
diminutivo, 23
discurso direto, 123/259
discurso indireto, 122-123, 259
doch, 135, 208/265
du, 75-77
durch, 81, 137, 212, 217
dürfen, 154/160

E
ein bisschen, 98
einander, 85
einer, 97
einige, 48/98
eins, 70-72
encontrar, 191
endlich, 202
entlang, 217
entweder... oder, 230, 265
erwarten, 192
es gibt, 193
es ist, 194

es, 78-79, 183-186, 145-147
esperar, 192
estar, 198
etwas, 61, 98
exclamação, 268
expressões de lugar, 29
expressões de tempo, 29

F
fahren, 195
ficar, 193
fliegen, 195
frações, 73
frases interrogativas, 260
für, 81, 212, 217
Futur I, 118-119
Futur II, 118-120

G
ganz, 50
gegen, 218
gegenüber, 214
gehen, 147, 195

gerade, 201
geschehen, 189
gestern, 202
gut, 67

H
haben, 105
Haus, 223
haver, 193-194
heißen, 146
helfen, 60
her, 81
heute, 202
Hilfsverben, 104
hin, 81
hinter, 212, 221
hoch, 67
hoffen, 192
holen, 190
horas, 271-273
hören, 147

I
ihr, 75-77

immer, 202
imperativo, 101/132-136/257
in, 81, 212, 219
indicativo, 99
infinitivo, 23
innerhalb, 222
interjeições, 243-246
Interjektionen, 243-246
inversão, 230
ir, 195
irgendwelcher, 48/98

J
ja, 209
jeder, 48/98
jemand, 61/95-96
jener, 48/98
jenseits, 222

K
kein, 51/53/264
keiner, 96

kennen lernen, 196
kennen, 196
Komma, 267
kommen, 195
Konjunktionen, 227
Konjunktiv I, 100, 120-123
Konjunktiv II, 101, 123-128
können, 155-156, 160-162, 197
koordinierende Konjunktionen, 227

L

lassen, 138, 147, 190
legen, 198
liegen bleiben, 193
liegen, 198

M

mal, 135/208
man, 95, 138, 139
manche, 48/98
medidas e quantidades, 40

meinetwegen, 80
meinetwillen, 80
metafonia, 23, 32, 33, 64, 65, 134
mit, 81, 215, 224
mögen, 156, 161
morgen, 202
morgens, 202
müssen, 157-158, 161

N

nach, 81, 215, 225
nachdem, 233
nada de, 61
nah, 67
neben, 81, 175
negativas (orações), 262
nicht ein, 264
nicht nur... sondern auch, 229
nicht, 263
nichts, 61, 91, 98
nie, 264
niemand, 96

noch, 265
Nomen, 17-42
nomes de cidade, 24
nomes próprios, 39-40
numerais cardinais, 21, 69-72
numerais decimais, 72
numerais ordinais 69-72
nur, 135

O
ob, 235, 241
obwohl, 235
oder, 227
ohne dass, 238
ohne, 149, 218
ordem fraseológica, 247-265

P
particípio passado, 58
particípio presente, 58
partículas enfáticas, 135, 207--210
Partizip I, 58, 151-152
Partizip II, 58, 102, 152-154
passar, 196
passieren, 189, 196
Perfekt, 114-117
perguntas indiretas, 262
Plusquamperfekt, 114-117
pôr, 198
Präpositionalergänzung, 176-183
Präpositionen, 211
Präsens, 102, 106-111
Präteritum, 102, 111-115
prefixo *ge-*, 153
prefixos duplos, 175
prefixos inseparáveis, 168-171
prefixos separáveis, 172-173
prefixos variáveis, 174-175
preposição, 80, 211-226
preposições de lugar, 28
pronome, 75-98, 250
pronome demonstrativo, 86-88

pronome indefinido, 52, 94-98
pronome interrogativo, 91-94
pronome possessivo, 46, 53, 82-84
pronome reflexivo, 46, 84-86, 165
pronome relativo, 88-91
Pronomen, 75-98

Q
quando, 238-239
que, 240

R
Reflexivverben, 162

S
saber, 196
sämtliche, 48/98
Satzstellung, 247-265
schon, 209
schwache Verben, 102
se, 241
sehen, 147
sein, 27, 104-105, 145, 198
seit wann, 202
seit, 215
seitdem, 234
selber, 88
selbst, 88
sich ereignen, 189
sich erinnern, 163
sich erlauben, 163
sich setzen, 199
Sie, 75-76, 84
sitzen, 199
so dass, 238
so, 129
sobald, 234
sofort, 202
solcher, 48/98
sollen, 127, 158-159, 161
sondern, 228
sowohl... als, 229
starke Verben, 102
statt dass, 238

statt, 222
statt... zu, 150
stattfinden, 189
stehen, 198
stellen, 198
subjuntivo, 100/125
subordinierende
 Konjunktionen, 232
substantivo, 17-42
substantivo composto, 26
substantivos de origem
 estrangeira, 31, 36-37
substantivos, 17-42, 59
superlativo, 65-67, 205

T

täglich, 202
tempos compostos, 103
tempos simples, 103
traço de união, 268
treffen, 191
Trennungszeichen, 268

trotz, 222
trotzdem, 231

U

über, 81, 212, 220
überfahren, 190
um, 212, 218
um... zu, 150
Umlaut, 23
und, 227
unter, 81, 212, 220

V

Verben, 99-199
verbo, posição na oração,
 252-265
verbos auxiliares, 104
verbos com prefixos, 166,
 258-259
verbos de regência dupla,
 180-182
verbos em -*ieren*, 153

verbos fortes, 102, 278-283
verbos fracos, 102
verbos impessoais, 186-189
verbos mistos, 131, 278-283
verbos modais, 146, 148, 154
verbos reflexivos, 162-165, 258
verbos seguidos de preposição, 176-184
verbos, 99
verbringen, 196
vergehen, 196
verlassen, 190-191
viel, 52, 61, 67, 91
vir, 195
vírgula, 267
von, 137, 212, 216
vor, 222
vorbeigehen, 196
voz passiva, 137-144

W

während, 222, 234
wann, 202/239
warten, 192
warum, 203
was für ein, 93
was, 90-92
weder... noch, 229, 265
wegen, 80, 222
weil, 236
welch, 93-94, 98
welcher, 48/98
wem, 92
wen, 92
wenig, 52, 61, 91
wenn, 129, 239-241
wer, 90, 92
werden, 27, 104-105, 130
weshalb, 203
wessen, 92
wider, 219
wie lange, 202
wie oft, 202

wie sehr, 202
wie, 202
wissen, 196
wo, 90/203
wo-, 92/213
wodurch, 203
woher, 203
wohin, 203
wohl, 210
wollen, 159-161
womit, 203
wozu, 203
würde, 139

Z
Zahlwörter, 69-73
Zeichensetzung, 267
zu, 145, 149, 212, 216, 224, 225
zuerst, 234
zwischen, 81/221
zwo, 72